Das Einsteigerseminar

QBASIC

Heinz-Gerd Raymans

Das Einsteigerseminar
QBASIC

Copyright © 1991-1999 by bhv Verlag
Bürohandels- und Verlagsgesellschaft mbH,
Novesiastraße 60
41564 Kaarst
Germany
Telefax: (0 21 31) 765-101
Internet: http://www.bhv.net

02 01 00 99
10 9 8 7 6 5 4 3

4. Auflage
ISBN 3-89360-672-6

Printed in Germany

Vorwort zur vierten Auflage

1991 erschien dieses Buch zum ersten Mal. QBASIC war damals ebenso neu wie MS-DOS 5.0, als dessen Bestandteil die Programmiersprache ausgeliefert wurde. Jetzt, 1996, wird die vierte Auflage unseres Kurses notwendig. Selbstverständlich ist dies keineswegs, denn seit 1991 wurde MS-DOS 5.0 längst von den Versionen 6.0 und 6.2 abgelöst, hatte Windows 3.1 seine große Zeit, führte Microsoft Windows 95 ein, erschien Visual Basic als neues Microsoft-Basic für die Windows-Oberfläche. QBASIC hat sich als Programmiersprache für die DOS-Ebene all diesen Wandlungen zum Trotz gut behauptet. Auf der Windows-95-CD finden Sie die Sprache nach wie vor als kostenlose Zugabe.

Ein Grund für die beständige Beliebtheit von QBASIC ist die Tatsache, daß MS-DOS in der Version 7.0 als fester und bestens integrierter Bestandteil von Windows 95 nach wie vor gern eingesetzt wird. Manche Aktion läßt sich über die altbekannten Befehle eben doch schneller erledigen als per Maus und grafischer Oberfläche. Ohne eine kompakte, schnörkellose Programmiersprache aber war DOS noch nie komplett.

Wenn Sie mit QBASIC heute das Programmieren erlernen, profitieren Sie gleich mehrfach von dieser Situation. Ihr Werkzeug ist kostenlos, so daß Sie die Welt selbstgeschriebener Programme risikolos erforschen können. Vielleicht nutzen Sie für Ihre Experimente einen älteren PC – er reicht allemal. Die einfache DOS-Oberfläche der QBASIC-Programme läßt sich überdies einfacher beherrschen als aufwendige Windows-Grafik, so daß Sie sich auf den funktionalen Kern Ihrer Programme konzentrieren können. Eine nützliche Anwendung haben Sie schnell beisammen. Dennoch laufen QBASIC-Programme problemlos im DOS-Fenster jeder Windows-Version. Und was Sie mit QBASIC lernen, ist zugleich eine vorzügliche Grundlage für die Arbeit mit Visual Basic oder anderen Programmiersprachen der neuen, grafischen Betriebssysteme.

Nehmen Sie das Angebot also an: Wenn Sie MS-DOS 5.0 oder 6.x einsetzen, dürfte sich QBASIC fast immer schon auf Ihrem PC befinden. Als Windows-95-Anwender kopieren Sie die Dateien QBASIC.EXE und QBASIC.HLP aus dem Verzeichnis

\other\oldmsdos

Ihrer Windows-95-CD ins DOS-, MS-DOS- oder Windows-Verzeichnis Ihres Rechners. Dann ist QBASIC einsatzbereit, und Sie starten mit unserem Kurs. Auch wir wünschen viel Spaß und Erfolg!

Ihr bhv-Lektorat, im Juni 1996

Vorwort zur ersten bis dritten Auflage

Mit der Auslieferung von MS-DOS 5.0 wurde nun endlich das etwas antiquierte GW-BASIC durch eine völlig neue BASIC-Variante ersetzt. Die neue Version eröffnet derartig viele Möglichkeiten, daß sich QBASIC nicht hinter anderen Programmiersprachen (Pascal, C, etc.) zu verstecken braucht. Erwähnenswert ist auch die vorhandene Kompatibilität zum MS-QuickBasic-Compiler. Aber auch als Einsteigersprache hat QBASIC seine Daseinsberechtigung wiedergefunden, da es Ihnen ermöglicht, mit Methoden zu programmieren, die Sie auch in jeder modernen imperativen (befehlsorientierten) Programmiersprache finden werden.

Das vorliegende Einsteigerseminar kann naturgemäß keinen Anspruch auf absolute Vollständigkeit erheben. Es soll Ihnen vielmehr den Einstieg in die Programmierung unter QBASIC ermöglichen, indem es Ihnen wichtige Grundlagen vermittelt. Durch die Verwendung vieler Beispiele und Aufgaben haben Sie die Möglichkeit, sich intensiv mit dem neuen Themenkomplex auseinanderzusetzten, und Ihren Lernerfolg dauernd zu kontrollieren. Dabei sollten Sie sich bei der Lösung der Aufgaben ruhig ein wenig Zeit nehmen und nicht sofort die Lösungsvorschläge am Endes des Buches zu Rate ziehen.

Aus drucktechnischen Gründen sind in einigen Zeilen der Programmlistings Zeilenumbrüche eingefügt. Bei der Eingabe des Programms in QBASIC dürfen Sie diese Zeilenumbrüche nicht nachvollziehen, sondern müssen die gesamte Anweisung in einer Zeile eingeben.

Ich wünsche Ihnen nun viel Spaß und Erfolg beim Eintauchen in die Programmierung mit QBASIC.

Duisburg, im Oktober 1991

Heinz-Gerd Raymans

Vom Problem zum Programm

Die nachfolgenden Ausführungen sind vor allem an denjenigen Leserkreis gerichtet, der überhaupt noch keinen Kontakt zum Thema Programmierung hatte.

Nehmen wir einmal an, Sie stünden dem Problem gegenüber, das Volumen und die Oberfläche vieler verschiedenartiger Quader berechnen zu müssen. Dabei liegen Ihnen die geometrischen Maße der verschiedenen Quader in Form einer Liste vor (alle Werte in cm):

Höhe	Breite	Tiefe
3,09	7,10	2,23
4,56	6,56	3,13
3,79	8,14	6,53
2,03	2,67	7,78
1,29	1,23	9,43
8,34	9,67	2,88

Sofern die mathematischen Grundlagen zur Berechnung der oben genannten Größen nicht mehr sofort rekonstruiert werden können, entnehmen Sie einer Formelsammlung:

Volumen = Höhe*Breite*Tiefe und

Oberfläche = 2*Höhe*Breite + 2*Höhe*Tiefe + 2*Tiefe*Breite

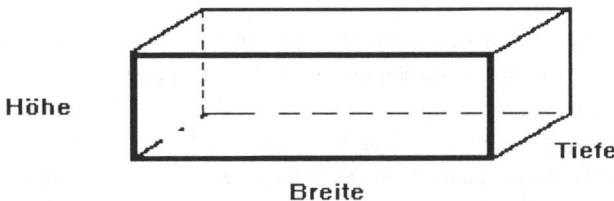

Die einfachste Lösung bestünde nun darin, beispielsweise unter Zuhilfenahme eines Taschenrechners, die verschiedenen Volumina und Oberflächen der Quader nacheinander auszurechnen. Hierzu werden Sie wahrscheinlich wenig Lust verspüren und der Taschenrechnerlösung entgegenhalten:

☐ Bei jedem Quader müssen dieselben Rechenschritte durchgeführt werden. Hierfür sollte es doch eine elegantere Lösung geben.

☐ Der Effekt wird noch dadurch verstärkt, daß es sich um eine lange Liste von verschiedenen Quadern handelt.

Lassen Sie uns nun versuchen, zur Lösung des gesamten Quaderproblems eine allgemeine Handlungsanweisung zu formulieren.

Für jeden Quader sind zur Berechnung des Volumens und der Oberfläche Werte für die Höhe, Breite und Tiefe notwendig. Diese Daten müssen irgendwie den Berechnungsvorschriften zugeführt werden und nach der Berechnung von Volumen bzw. Oberfläche irgendwie als Ergebnis sichtbar gemacht werden. Man sagt hierzu auch, die Ergebnisse müssen ausgegeben werden. Wir erhalten also im ersten Schritt folgende Handlungsanweisung:

☐ Eingabe der Daten für Höhe, Breite und Tiefe

☐ Durchführen der Berechnungsvorschriften

☐ Ausgabe der Berechnungsergebnisse

(Die für ein Computerprogramm typische Abfolge von Eingabe, Verarbeitung (=Berechnung) und Ausgabe wird häufig als EVA-Prinzip bezeichnet).

Bei den Eingaben für die Berechnungsvorschrift handelt es sich ausschließlich um die Daten

☐ Höhe

☐ Breite

☐ Tiefe.

Diese Daten können von Berechnung zu Berechnung variieren, sind also für die allgemeine Handlungsanweisung variabel. Aus diesem Grunde werden die Elemente, mit denen im späteren Programm diese Daten verarbeitet werden auch Variablen genannt. Solche Variablen werden über einen vom Programmierer vergebenen Namen in der Handlungsanweisung (und später im Programm) angesprochen. So ist es beispielsweise sinnvoll, den Wert für die Höhe des Quaders in einer Variablen mit dem Namen HOEHE (Umlaute sind bei der Benennung von Variablen in QBASIC nicht erlaubt) zu verarbeiten. Während der Handlungsanweisung (genau wie später im Programm) verhält sich die Variable wie ein Behälter, d. h. verwendet man beispielsweise in einer Berechnungsvorschrift einen Variablennamen (=Behälternamen), dann wird für die Berechnung der aktuelle Inhalt der Variablen (also der Inhalt des Behälters) herangezogen. Vergeben wir nun zur Speicherung der notwendigen Daten die Variablennamen HOEHE, BREITE, TIEFE, VOLUMEN und OBERFL, so können wir unsere Handlungsvorschrift weiter qualifizieren:

1. Eingabe der Höhe und Speichern in der Variablen HOEHE

2. Eingabe der Breite und Speichern in der Variablen BREITE

3. Eingabe der Tiefe und Speichern in der Variablen TIEFE

4. Berechnung von HOEHE*BREITE*TIEFE und Speichern in der Variablen VOLUMEN

5. Berechnung von 2*HOEHE*BREITE + 2*HOEHE*TIEFE + 2*TIEFE* BREITE und Speichern in der Variablen OBERFL

6. Ausgabe der Variablen VOLUMEN

7. Ausgabe der Variablen OBERFL

Es sind also insgesamt sieben Schritte notwendig, um die gewünschten Berechnungen für einen Quader durchzuführen. Im nächsten Schritt wollen wir nun die entwickelte Handlungsvorschrift testen, indem wir diese gedanklich Zeile für Zeile durchführen. Dabei sollen die Variableninhalte nach jedem Schritt der Handlungsanweisung aufgeführt werden.

Nr	--------------- V A R I A B L E N ---------------					Aktion
	Höhe	Breite	Tiefe	Volumen	Oberfl.	
1	3,09	--	--	--	--	Eingabe Höhe
2	3,09	7,10	--	--	--	Eingabe Breite
3	3,09	7,10	2,23	--	--	Eingabe Tiefe
4	3,09	7,10	2,23	48,92	--	Berechnung Volumen
5	3,09	7,10	2,23	48,92	89,33	Berechnung Oberfl.
6	3,09	7,10	2,23	48,92	89,33	Ausgabe 48,92 als Volumen
7	3,09	7,10	2,23	48,92	89,33	Ausgabe 101,54 als Oberfläche

Wie man dem Schema entnehmen kann, stehen nach Durchführung des fünften Arbeitsschrittes in den Variablen VOLUMEN und OBERFL die gewünschten Rechenergebnisse zur Verfügung.

Aufgabe 1: Erstellen Sie das oben dargestellte Schema für den fünften Quader.

Eine Handlungsanweisung in der oben dargestellten Form wird häufig mit dem Begriff Algorithmus umschrieben. Ein einzelner Arbeitsschritt in einem Algorithmus heißt Anweisung. Der Algorithmus zur Lösung des Quaderproblems besteht also aus sieben Anweisungen. Von einem Algorithmus in der oben geschilderten Form zu einem Computerprogramm ist es jetzt nur noch ein kleiner Schritt. Es ist lediglich notwendig, die einzelnen Anweisungen des vorliegenden umgangssprachlich formulierten Algorithmus in Programmanweisungen zu transformieren. Dies ist in der Regel um so einfacher, je detaillierter der umgangssprachliche Algorithmus formuliert wurde. In unserem Beispiel lauten die notwendigen Transformationen:

Anweisung	Programmanweisung
Eingabe der Höhe und Speichern in der Variablen HOEHE	INPUT HOEHE
Berechnung von HOEHE * BREITE * TIEFE und Speichern in der Variablen VOLUMEN	VOLUMEN = HOEHE * BREITE * TIEFE
Ausgabe der Variablen VOLUMEN	PRINT VOLUMEN

Somit ergibt sich folgendes Programm zur Berechnung von Volumen und Oberfläche bei Quadern:

```
INPUT HOEHE
INPUT BREITE
INPUT TIEFE
VOLUMEN = HOEHE*BREITE*TIEFE
OBERFL = 2*HOEHE*BREITE + 2*HOEHE*TIEFE + 2*TIEFE*BREITE
PRINT VOLUMEN
PRINT OBERFL
```

Sie sollten an diesem kleinen Beispiel erkennen, wie man von einem gegebenen Problem über den Umweg des umgangssprachlich formulierten Algorithmus' zu einem brauchbaren Computerprogramm kommen kann. Sicherlich wird in der Praxis das beschriebene Verfahren in dieser Form nicht angewendet, vor allem deshalb nicht, da die detaillierte Formulierung eines umgangsprachlichen Algorithmus bei komplexen Problemstellungen sehr zeitaufwendig wäre. Dennoch wird im professionellen Bereich nach der Formulierung eines Problems nicht einfach drauflosprogrammiert. Zumindest das Herausarbeiten der benötigten Daten (getrennt nach Eingabe-, Arbeits- und Ausgabedaten), sowie die Formulierung von Handlungsanweisungen für die wichtigsten Verarbeitungsschritte gehören zum Pflichtteil eines jeden Programmentwicklungsprojektes. Für den Programmieranfänger bietet dieses Verfahren die Chance, sich bei der Lösung von Aufgaben nicht von vornherein in unstrukturierten Programmen zu verzetteln.

Aufgabe 2:   Gegeben ist die nachfolgende Liste von Radien:

Radius (in cm)

3,05

4,23

6,23

7,89

Erstellen Sie einen Algorithmus zur Berechnung vom

☐ Kreisumfang

☐ Kreisfläche

☐ Kugeloberfläche

☐ Kugelvolumen

Testen Sie den Algorithmus, indem Sie alle Anweisungen für den zweiten Radius gedanklich Schritt für Schritt durchführen und dabei den Inhalt der verwendeten Variablen für jeden Schritt notieren. Transformieren Sie anschließend den umgangssprachlich formulierten Algorithmus zu einem Computerprogramm.

Das Handwerkszeug

Ab MS-DOS 5.0 gehört anstelle von GW-Basic oder BASICA die Programmiersprache QBASIC zum Lieferumfang. Der auffälligste Unterschied von QBASIC zu den Vorgängerversionen ist die Benutzeroberfläche. Dagegen fühlt sich ein Anwender mit Kenntnissen aus der MS-Quick-Familie (MS QuickC, MS QuickPascal oder auch MS QuickBASIC) sofort zu Hause. Genau wie die Vorgängerversionen ist auch QBASIC ein Interpreter, d. h. die mit QBASIC erstellten Programme werden bei der Ausführung Anweisung für Anweisung interpretiert und dabei in eine Form übersetzt, die der Computer direkt ausführen kann (Maschinencode).

Der Sprachumfang wurde allerdings gegenüber GW-Basic oder BASICA wesentlich erweitert und ist fast identisch mit dem des Basic-Compilers QuickBASIC. Die Übereinstimmung geht soweit, daß Sie jedes QBASIC-Programm unter QuickBASIC verarbeiten können. Umgekehrt können Sie allerdings nur fast jedes QuickBASIC-Programm unter QBASIC verwenden. Der Grund hierfür ist, daß der Befehlsumfang von QuickBASIC um wenige Befehle erweitert ist.

Wie schon oben erwähnt, handelt es sich bei QBASIC um einen Basicinterpreter. Die Verarbeitungsweise eines Interpreters impliziert, daß solche Programme wegen der permanent zwischengeschalteten Übersetzung nicht gerade zu den Schnellsten gehören. Auch muß bei Weitergabe eines selbsterstellten Programms gewährleistet sein, daß der Empfänger im Besitz von QBasic (oder von QuickBASIC) ist. Ansonsten kann er nämlich mit Ihrem Programm überhaupt nichts anfangen.

Auch mag der Umstand, jedesmal den Quelltext (ein anderes Wort für das erstellte Programm, wird häufig auch mit Sourcecode bezeichnet) an den Empfänger weitergeben zu müssen, nicht nach jedermans Geschmack sein. Schließlich eröffnet dies dem Empfänger die Möglichkeit, Ihre Programme nach Belieben zu ändern und vielleicht sogar in abgewandelter Form weiterzugeben.

Bei diesen Problemen schafft ein Basiccompiler, wie z. B. QuickBASIC, Abhilfe. Der Compiler übersetzt in einem einmaligen Vorgang das gesamte von Ihnen erstellte Basicprogramm und erzeugt dabei ein direkt vom Computer ausführbares Programm, eine sogenannte EXE-Datei. Der Vorteil einer solchen Übersetzung liegt nun darin, daß die Ausführungsgeschwindigkeit einer solchen EXE-Datei im Vergleich zum Interpreterbetrieb des gleichen Programms wesentlich höher ist. Zum anderen sind Sie in der Lage, das compilierte Programm an Dritte abzugeben, ohne daß diese Ihr Programm ändern können, bzw. Einsicht in den Quelltext haben.

QBASIC starten

Nach dem Start von QBASIC via Windows oder durch den DOS-Befehl

qbasic

meldet sich der Basic-Interpreter mit einer komfortablen Benutzeroberfläche.

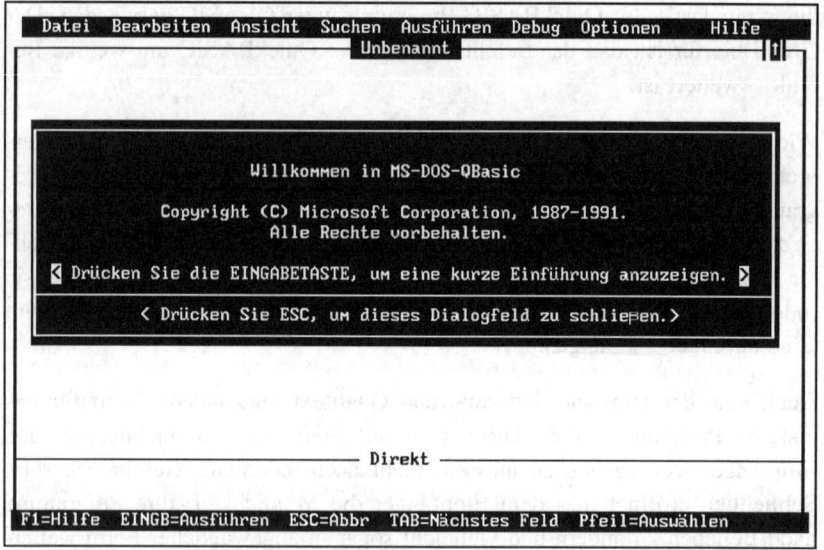

Als erstes erhalten Sie die Möglichkeit, durch Betätigung der Taste «EINGABE» eine kurze Einführung über die Bedienung des Programms durchzulesen. Betätigt man an dieser Stelle die Taste «ESC», so wird das Dialogfenster geschlossen und der normale Arbeitsbildschirm erscheint, ohne daß QBASIC in die Kurzeinführung verzweigt.

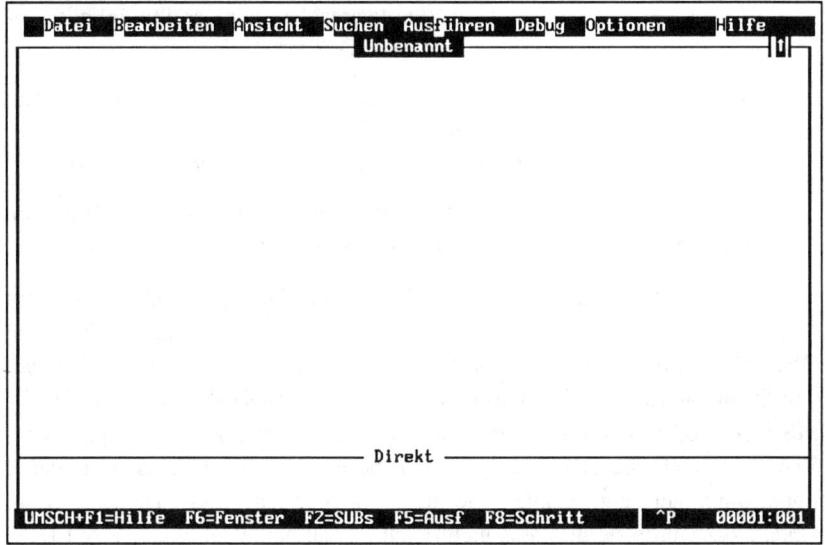

```
Datei  Bearbeiten  Ansicht  Suchen  Ausführen  Debug  Optionen        Hilfe
┌────────────────────────────── Unbenannt ─────────────────────────────[↕]┐
│                                                                          │
│                                                                          │
│                                                                          │
│                                                                          │
│                                                                          │
│                                                                          │
│                                                                          │
│                                                                          │
│                                                                          │
│                                                                          │
│─────────────────────────────── Direkt ──────────────────────────────────│
│                                                                          │
└──────────────────────────────────────────────────────────────────────────┘
 UMSCH+F1=Hilfe  F6=Fenster  F2=SUBs  F5=Ausf  F8=Schritt        ^P    00001:001
```

Außer dieser Möglichkeit, QBASIC zu starten, können Sie dem System beim Programmaufruf noch einige Informationen als Parameter übergeben:

```
QBASIC Dateiname /B /EDITOR /G /H /NOHI
/RUN Programmname
```

Dateiname — Die mit Dateiname spezifizierte Datei wird von QBASIC automatisch geladen. Achten Sie darauf, daß Sie neben dem eigentlichen Dateinamen auch den Pfad spezifizieren müssen, sofern sich die Datei nicht im aktuellen Verzeichnis befindet. Wenn Sie keinen Dateisuffix verwenden, nimmt QBASIC automatisch die Endung "BAS" an.

/B — Schwarzweiße Bildschirmdarstellung, auch wenn ein Farbmonitor vorhanden ist.

/EDITOR — QBASIC wird als reiner Texteditor gestartet. Somit ersetzt QBASIC auch den bisherigen Zeileneditor EDLIN.

/G — Die Ausgabe auf einem CGA-Bildschirm wird mit der größtmöglichen Geschwindigkeit durchgeführt.

/H ·	Zeigt die (hardwareabhängige) größtmögliche Anzahl von Zeilen an.
/NOHI	Diesen Parameter müssen Sie verwenden, wenn Sie einen Bildschirm verwenden, der nicht in der Lage ist, unterschiedliche Intensitäten darzustellen.
/RUN Programmname	Die spezifizierte Datei wird beim Aufruf von QBASIC automatisch geladen und gestartet.

Sofern Sie unter Windows erst ein DOS-Fenster öffnen und QBASIC dann von Hand starten, gibt es keine Besonderheiten zu beachten. Möchten Sie QBASIC direkt von Windows aus aufrufen, nutzen Sie im einfachsten Fall den Dateimanager oder Explorer, suchen die Datei QBASIC.EXE im DOS-, MS-DOS- oder Windows-Verzeichnis und aktivieren sie per Doppelklick. Vielleicht steckt sie aber auch in einem besonderen Verzeichnis oder wurde irgendwann gelöscht. Suchen Sie sie dann auf den DOS-Disketten. Beim Update 6.2 wurde sie übrigens nicht noch einmal beigelegt, weil sie seit DOS 5.0 und 6.0 unverändert blieb. Selbstverständlich können Sie auch im Programm-Manager ein Icon oder im Windows-95-Startmenü eine Verknüpfung für QBASIC anlegen und in der Befehlszeile Parameter vorgeben. Wo sich QBASIC auf der Windows-95-CD befindet und wie Sie die Datei startklar bekommen, lesen Sie im Vorwort.

Das Menüsystem

Am oberen Rand des Bildschirms sehen Sie die Menüleiste von QBASIC. Es handelt sich bei diesem Menü um ein sogenanntes Pull-Down-Menü, da beim Auswählen eines Menüpunktes weitere Menüeinträge herunterklappen.

Die Auswahl eines Menüeintrages ist in QBASIC denkbar einfach. Nach Betätigung der Taste «Alt» wechselt QBASIC von der Programmeingabe in die Menüleiste. Dies erkennt man daran, daß der erste Menütitel invers dargestellt wird. Weiterhin erkennt man, daß in jedem Menüpunkt aus der Menüleiste ein Buchstabe hervorgehoben wird. Sie können nun den gewünschten Menütitel mit den Tasten «→» bzw. «←» ansteuern und durch Drücken der Taste «EINGABE» herunterklappen.

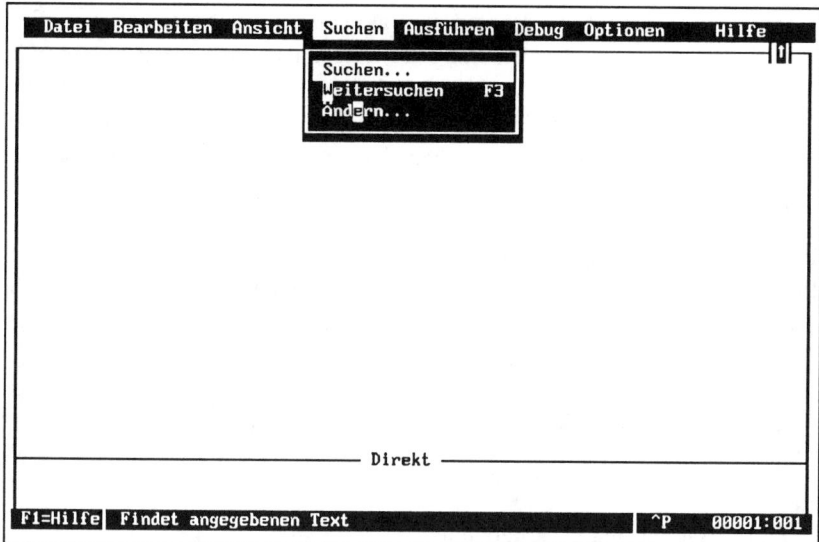

Eine schnellere Variante hierfür besteht beispielsweise in dem Gebrauch der Tastenkombination «Alt» + «S», um das Pull-Down-Menü vom Menütitel "Suchen" herunterzuklappen ("S" ist der hervorgehobene Buchstabe von "Suchen" in der Menüleiste, nachdem Sie die Taste «Alt» gedrückt haben). Die anderen Menütitel lassen sich entsprechend ansteuern.

Aufgabe 3:   Finden Sie heraus, mit welchen Tastenkombinationen Sie die Menüs "Datei", "Ansicht", "Ausführen", "Optionen" aus der Menüleiste herunterklappen können!

In einem heruntergeklappten Pull-Down-Menü können Sie den gewünschten Eintrag mit Hilfe der Tasten «↑» bzw. «↓» ansteuern und mit der Taste «EINGABE» auswählen, oder Sie geben ganz einfach den unterlegten Buchstaben des Menüeintrages ein. Beispielsweise müßten Sie in dem Pull-Down-Menü zu "Datei" die Tasten «U» drücken, um "Speichern unter..." auszuwählen. Mit der Taste «ESC» können Sie das Menü schließen, ohne irgendeine Funktion auszuwählen.

Hinweise: Selbstverständlich läßt sich das Menü von QBASIC auch mit der Maus bedienen. Hierzu bewegen Sie den Mauszeiger auf den gewünschten Menütitel der Menüleiste und betätigen die linke Maustaste. Danach aktivieren Sie in dem inzwischen

---

Das Handwerkszeug

heruntergeklappten Pull-Down-Menü den gewünschten Eintrag, indem Sie auf diesem nochmals einen Mausklick (drücken der linken Maustaste) durchführen. Durch ein "Klicken" außerhalb des heruntergeklappten Fensters können Sie das Pull-Down-Menü schließen, ohne einen Menüpunkt auszuwählen.

Innerhalb der Pull-Down-Menüs folgen einigen Menüeinträgen drei Punkte. Bei Aktivierung eines solchen Eintrages erzeugt QBASIC eine sogenannte Dialogbox am Bildschirm (z.B. bei "Bildschirmanzeige..." anzusteuern durch «Alt» + «O» und anschließendem «B»).

Eine solche Dialogbox kann aus folgenden Elementen bestehen:

- ☐ Kontrollkästchen

- ☐ Optionsfelder (Radiobuttons)

- ☐ Eingabefelder

- ☐ Listenfelder (Listboxen)

- ☐ Schaltflächen (Knöpfe).

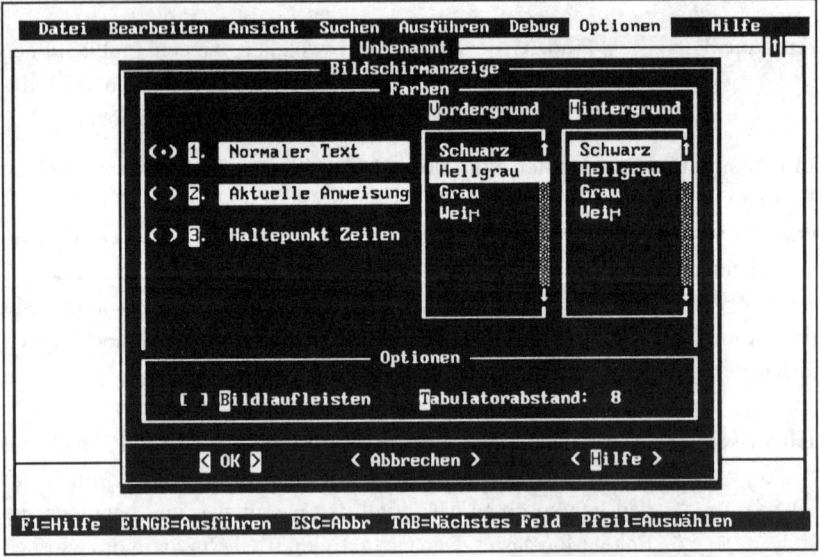

Innerhalb einer Dialogbox können Sie mit der Taste «TAB» von einem Element zu einem anderen (also beispielsweise von einem Kontrollkästchen zu einer Listbox) wechseln. Mit der Taste «ESC» brechen Sie die Verarbeitung in einer Dialogbox ab, wohingegen Sie mit der Taste «EINGABE» die Bearbeitung in dem gerade angesteuerten Element der Dialogbox abschließen und zugleich die markierte Schaltfläche auslösen. Da dies i.d.R. die Schaltfläche "OK" ist, wird also meistens mit der Taste «EINGABE» die Dialogbox beendet. Fassen wir die Tasten nochmals in einer Tabelle zusammen:

«TAB»	Wechseln zum nächsten Element
«UMSCHALT» + «TAB»	Wechseln zum vorherigen Element
«ESC»	Bearbeitung abbrechen
«EINGABE»	Bearbeitung im aktiven Element beenden und die markierte Schaltfläche auslösen. Bewirkt meistens das Beenden der Dialogbox.

Übung: Aktivieren Sie das Menü "Optionen - Bildschirmsteuerung". Steuern Sie anschließend mit Hilfe der Taste «TAB» das Element "Tabulatorabstand" an. Drücken Sie danach die Taste «ESC».

Behandeln wir nun die Funktionsweise der einzelnen Dialogboxelemente.

Optionsfelder

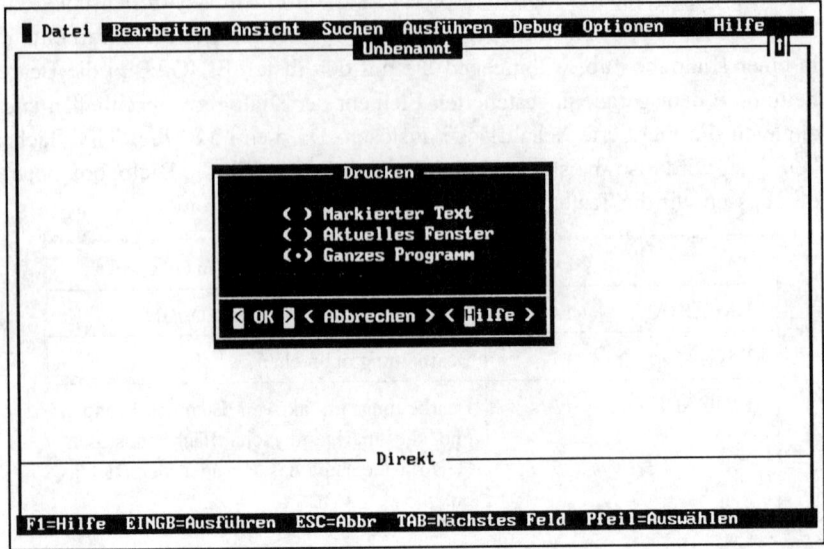

Optionsfelder werden auch häufig als *Radiobuttons* bezeichnet. Solche Optionsfelder sind dadurch gekennzeichnet, daß von den angebotenen Auswahlmöglichkeiten (Optionen) immer nur eine ausgewählt werden kann. Die ausgewählte Option ist durch den kleinen Punkt innerhalb der Klammern gekennzeichnet. In dem oben abgebildeten Beispiel ist es nicht möglich, gleichzeitig das "aktuelle Fenster" oder einen "markierten Bereich" oder das "ganze Programm" zu drucken. Sie können die eingestellte Option mit Hilfe der Pfeiltasten verändern.

Schaltflächen

Über die Schaltflächen können Sie einen Befehl ausführen lassen, beispielsweise "OK" oder "Abbrechen". Dabei löst die Taste «EINGABE», ganz gleich an welcher Stelle in der Dialogbox gedrückt, immer auch die markierte Schaltfläche aus. Dies ist in der obigen Abbildung die Schaltfläche "OK". Die Taste "ESC" hingegen ist mit der Schaltfläche "Abbrechen" verbunden.

Eingabefelder

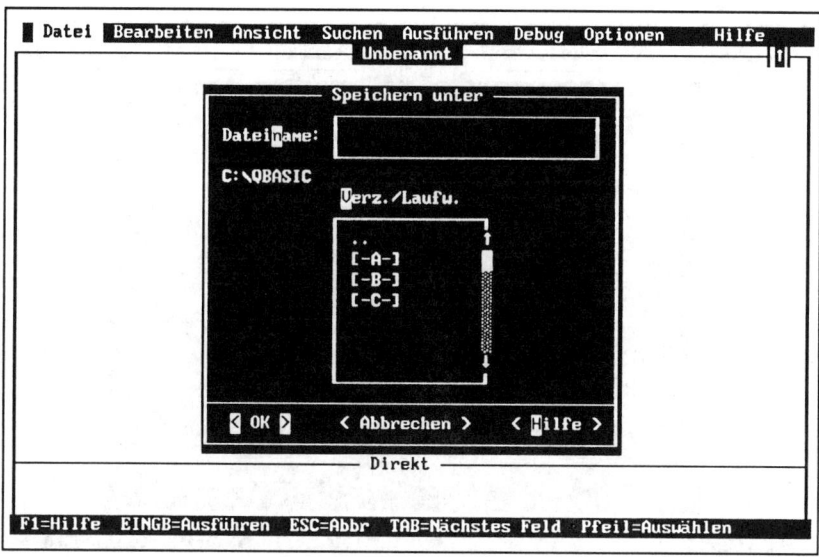

Innerhalb eines Eingabefeldes haben Sie die Möglichkeit, Text (oder Zahlen-eingaben) frei vorzunehmen. Inwieweit Ihre Eingabe allerdings vom Programm geprüft wird, hängt von dem Zweck des Eingabefeldes ab. So ist es in der obigen Abbildung nicht möglich, einen Dateinamen einzutragen, der nicht den DOS-Konventionen entspricht. Folgende Tasten sind bei den Eingabefeldern zu beachten:

«←»	Cursor nach links bewegen
«→»	Cursor nach rechts bewegen
«Pos1»	Cursor an den Anfang des Feldes bewegen
«Ende»	Cursor rechts neben das letzte Zeichen setzen
«Einfg»	Einfügemodus Aus- bzw. Einschalten
«Entf»	Zeichen über dem Cursor löschen
«Rücktaste»	Zeichen links vom Cursor löschen

Kontrollkästchen

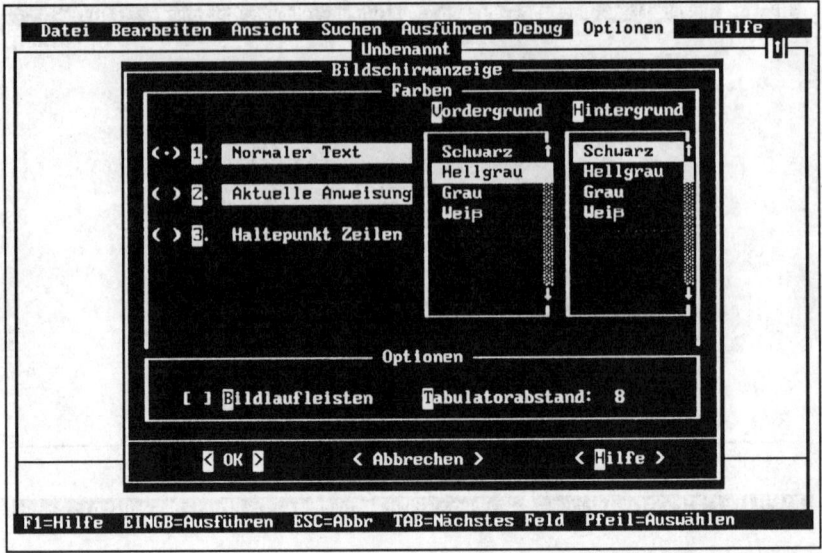

In der Dialogbox "Bildschirmanzeige" ist das Element "[X] Bildlaufleisten" ein solches Kontrollkästchen. Häufig sind solche Kontrollkästchen (vor allem in anderen Programmen) in größeren Gruppen zusammengefaßt. Ein Kontrollkästchen kennt nur zwei Einträge, nämlich:

```
[ ]  :  Option wird nicht gewünscht
```

```
[X]  :  Option wird gewünscht.
```

Den aktuellen Eintrag eines Kontrollkästchens können Sie mit der Taste «LEER» umschalten.

Listboxen

Bei einer Listbox handelt es sich um eine Auflistung von möglichen Einträgen. So ist beispielsweise in der obigen Abbildung in der Listbox "Vordergrund" die Auswahl schwarz, hellgrau, grau und weiß möglich. Innerhalb einer Listbox kann man zwischen den verschiedenen Möglichkeiten mit Hilfe der Tasten «↑» und «↓» wählen.

Aufgabe 4: Aktivieren Sie die Dialogbox "Bildschirmanzeige". Welche der beschriebenen Elemente können Sie identifizieren?

Hinweis: Die Bedienung der Dialogboxen mit einer Maus ist derartig einfach, daß sie eigentlich keiner Erklärung bedarf. Sie können mit der Maus jedes Element auswählen und dort direkt jede gewünschte Option anklicken. Zum Schluß klicken Sie die Schaltflächen "OK" oder "Abbrechen" an, je nachdem ob Sie den Vorgang beenden oder abbrechen wollen.

Der Editor

Programme zu entwickeln bedeutet, vor allem bei komplexeren Aufgabenstellungen, immer eine umfangreiche Eingabe von Text. Um diese Texteingabe zu vereinfachen, ist in QBASIC ein komfortabler Editor integriert.

Im Grunde ist ein (Programm-) Editor nichts anderes als eine kleine Textverarbeitung, die allerdings in einigen Details speziell auf die Bedürfnisse der Programmentwicklung angepaßt ist. In QBASIC muß der Editor nicht speziell aufgerufen werden, d. h. sofern Sie nicht eine besondere Funktion über einen Menüpunkt aktiviert haben, besteht immer die Möglichkeit, Programmtext einzugeben. In der folgenden Abbildung wurde das Programm zur Quaderberechnung aus dem vorhergehenden Kapitel eingegeben.

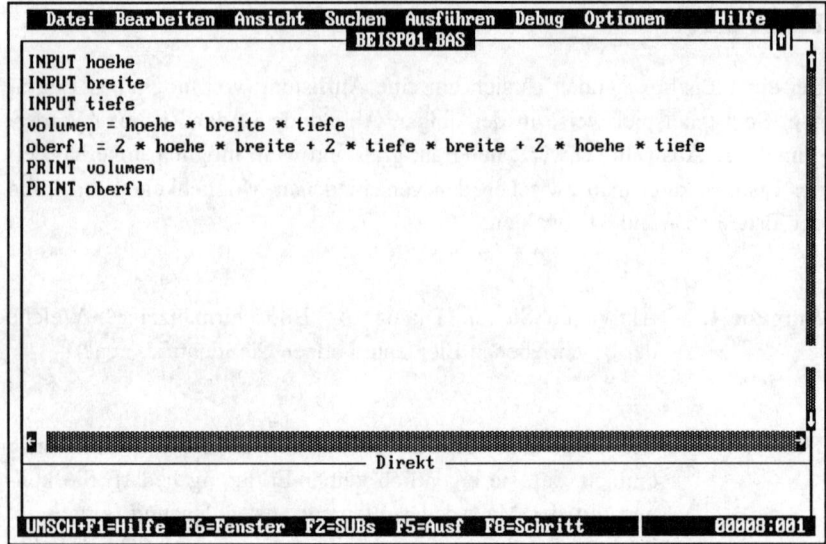

Bei der Eingabe von Basicbefehlen brauchen Sie nicht zwischen Groß- und Kleinschreibung unterscheiden. Allerdings wandelt QBASIC die eingegebenen Wörter automatisch in Großbuchstaben um, sofern es die Begriffe als Basicbefehle erkennt. Für die Erstellung und Änderung von Programmtexten stehen Ihnen eine Reihe von besonderen Tasten zur Verfügung.

Tasten zum Bewegen des Cursors

«↑»	Zeile nach oben
«↓»	Zeile nach unten
«←»	Zeile nach links
«→»	Zeile nach rechts
«Pos1»	Anfang der aktuellen Zeile
«Ende»	Ende der aktuellen Zeile
«Strg» + «Eingabe»	Anfang der nächsten Zeile

Tasten zum Blättern im Text

«Bild↑»	Ein Bildschirm nach oben
«Bild↓»	Ein Bildschirm nach unten

Ändern von Text

«RÜCKTASTE»	Löscht das Zeichen links vom Cursor
«Entf»	Löscht das Zeichen auf dem sich der Cursor befindet
«Einf»	Einfügemodus aus- und wieder einschalten
«EINGABE»	Einfügen und Versetzen des Cursors zum Anfang einer neuen Zeile

Übung: Versuchen Sie jetzt, das abgebildete Programm einzugeben.

Markieren von Text

Um ganze Textpassagen kopieren oder löschen zu können, müssen diese Textteile vorher markiert werden. Bewegen Sie hierfür den Cursor an den Anfang der zu markierenden Textstelle. Halten Sie danach die Taste «UM-SCHALT» solange gedrückt, bis Sie den Cursor an das Ende der zu markierenden Textstelle bewegt haben.

Bearbeiten von Text

«Strg» + «Einf»	Kopiert den markierten Bereich in die Zwischenablage
«UMSCHALT» + «Entf»	Kopiert den markierten Bereich in die Zwischenablage
«Strg» + «Y»	Kopiert und löscht von der aktuellen Cursorposition bis zum Zeilenende in die Zwischenablage
«UMSCHALT» + «Einf»	Kopiert aus der Zwischenablage an die aktuelle Cursorposition

Übung: Stellen Sie das Quaderprogramm folgendermaßen um:

```
INPUT hoehe
INPUT breite
INPUT tiefe
PRINT oberfl
volumen = hoehe*breite*tiefe
PRINT volumen
oberfl = 2*hoehe*breite + 2*hoehe*tiefe + 2*tiefe*breite
```

Ein Programm speichern und laden

Das mit QBASIC neuerstellte oder bearbeitete Programm befindet sich im flüchtigen Hauptspeicher Ihres Computers. Dies bedeutet, daß beim Ausschalten des Gerätes das neue oder veränderte Programm verloren geht, sofern Sie es nicht vorher dauerhaft auf einem Datenträger (Festplatte oder Diskette) gespeichert haben. Um in QBASIC später wieder mit einem derartig gespeicherten Programm arbeiten zu können, müssen Sie es von dem Datenträger in den Hauptspeicher Ihres Computers laden.

Speichern

Aktivieren Sie im Pull-Down-Menü "Datei" den Eintrag "Speichern", um ein Programm dauerhaft auf einem Datenträger zu sichern.

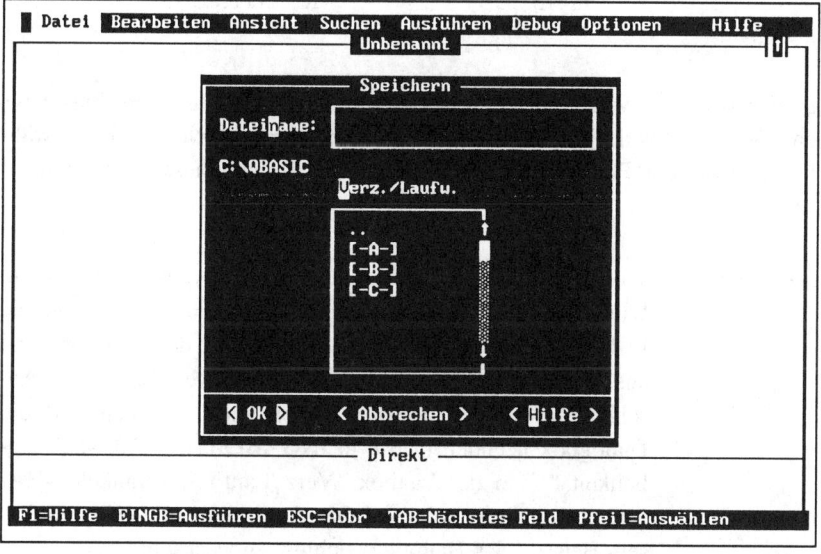

Im Eingabefeld "Dateiname:" geben Sie dabei den von Ihnen frei wählbaren Namen, unter dem Sie das Programm speichern wollen, ein. Allerdings müssen Sie sich bei der Vergabe von Dateinamen an einige Konventionen halten:

☐ Maximal acht Zeichen, minimal ein Zeichen lang

☐ Erlaubte Zeichen: A..Z 0..9 $ & # % ( ) _ ! - @ ^ { } ~

☐ Maximal drei Zeichen Dateinamenserweiterung (den trennenden Punkt nicht mitgezählt: 12345678.123)

Dabei ist es empfehlenswert, auf eine Vergabe der Dateinamenserweiterung zu verzichten. QBASIC vergibt in diesem Falle automatisch die Dateinamenserweiterung "BAS".

Aufgabe 5: Welche der folgenden Dateinamen sind richtig bzw. falsch?

Welche von den richtigen Namen sind nicht empfehlenswert?

BRIEF.BAS	1.BAS
EINGABE.T54	R$ER0934WE.BAS
DOLL AR.BAS	TTZ.RFF.RER.BAS
A764?:=.BAS	FALSCH.BAS
98473$.BBV	RICHTIG.B*S

In der Listbox "Verz./Laufw." können Sie das DOS-Unterverzeichnis bzw. das DOS-Laufwerk, in dem QBASIC das Programm speichern soll, auswählen. Der aktuelle Pfad (hier: C:\QBASIC) wird oberhalb dieser Listbox angezeigt.

Hinweis: Wollen Sie beispielsweise die Datei auf einer Diskette im Laufwerk "B:" speichern, so wechseln Sie als erstes in die Listbox "Verz./Laufw." und wählen dort den Eintrag [-B-] aus. Betätigen Sie anschließend die Taste «Eingabe». Anschließend können Sie den Dateinamen eingeben und die Dialogbox beenden (Taste «EINGABE»). Die Auswahlmöglichkeit ".." in der Listbox "Verz./Laufw.", veranlaßt QBASIC in das übergeordnete DOS-Verzeichnis (dies wäre in diesem Beispiel das Hauptverzeichnis) zu wechseln.

Nach dem Speichern zeigt QBASIC den Dateinamen unterhalb der Menüleise am Bildschirm an. Es empfiehlt sich im übrigen, bei der Entwicklung oder Veränderung von Programmen, diese in regelmäßigen Abständen zu sichern. Denken Sie nur an die Möglichkeit, daß bei einem Stromausfall Ihr ungespeichertes Programm verloren wäre. Um ein Programm erneut zu speichern, wählen Sie einfach wieder in dem Menü "Datei" den Eintrag "Speichern" aus. Beim erneuten Speichern erhalten Sie keine Dialogbox, sondern QBASIC speichert das Programm sofort unter dem alten Dateinamen ab.

Übung: Speichern Sie das eingegebene Beispielprogramm aus dem Kapitel "Der Editor" unter dem Namen "QUADER.BAS" ab.

Speichern unter

Wollen Sie ein Programm beim erneuten Speichern unter einem anderen Namen auf dem Datenträger ablegen, so müssen Sie im Pull-Down-Menü "Datei" den Eintrag "Speichern unter..." verwenden. Sie erhalten dann die Möglichkeit, die Datei unter einem anderen Namen abzuspeichern.

Laden

Um cin Programm von einem Datenträger in den Hauptspeicher zu laden, wählen Sie in dem Pull-Down-Menü "Datei" den Eintrag "Öffnen".

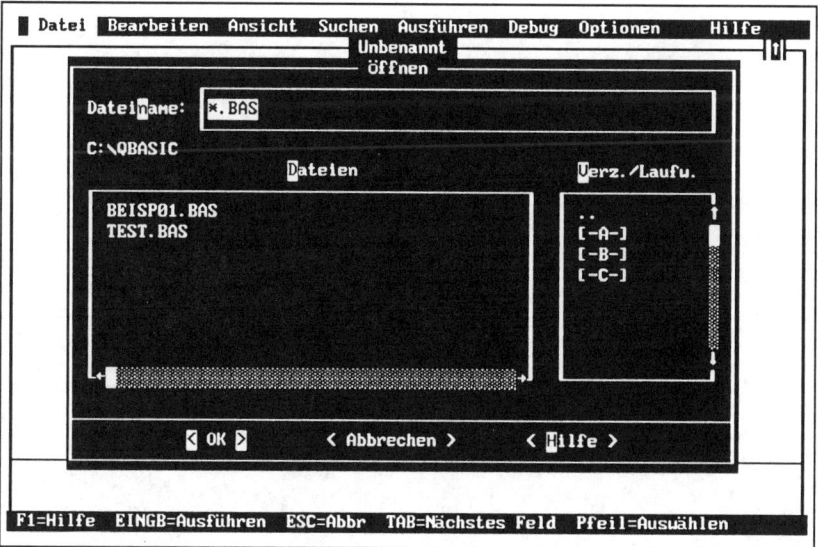

QBASIC zeigt standardmäßig alle *.BAS Dateien des aktuell eingestellten Suchpfades in der Listbox "Dateien" an. Diesen Suchpfad können Sie in der Listbox "Verz./Laufw." einstellen. Um eine bestimmte Datei zu laden, können Sie diese entweder in der Listbox "Datei" auswählen, oder Sie geben den Dateinamen im Eingabefeld ein.

Hinweise: Es ist auch möglich, im Eingabefeld außer dem Dateinamen den benötigten Zugriffspfad (z.B.   C:\PROJEKT1\DE-MO3.BAS) einzugeben.

Sofern Sie die Dateinamenserweiterung selbst vergeben haben, werden die Programme beim Aufruf der Dialogbox "Öffnen" erst einmal nicht angezeigt. Geben Sie im Eingabefeld "*.PRG" ein und betätigen Sie die Taste «EINGABE», um alle PRG-Dateien im aktuellen Zugriffspfad in der Listbox "Dateien" angezeigt zu bekommen.

Ein neues Programm erstellen

Mit der Auswahl "Neu" im Menü "Datei" können Sie den Arbeitsspeicher von QBASIC löschen, um beispielsweise ein neues Programm einzugeben. Sofern sich dabei im Arbeitsspeicher ein Programm befindet, welches noch nicht gespeichert wurde, erhalten Sie eine Dialogbox.

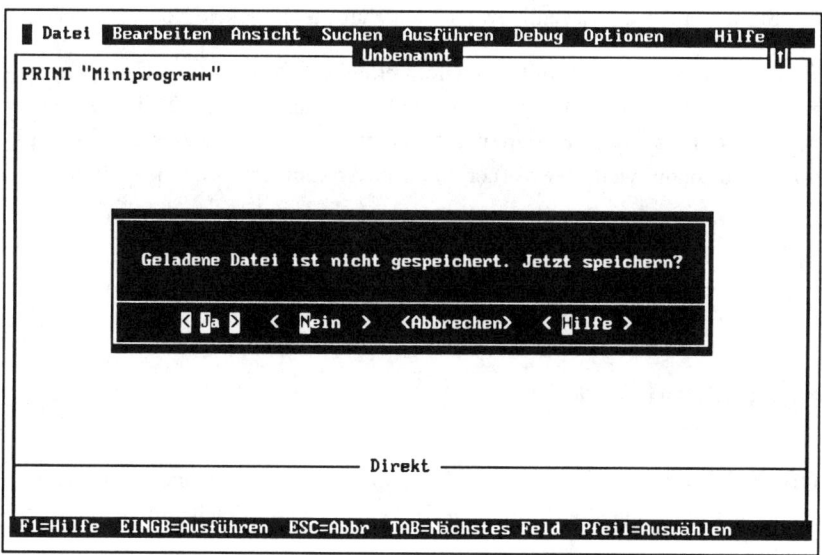

Hinweis: Hierdurch soll verhindert werden, daß beispielsweise Änderungen in einem Programm verloren gehen, weil Sie vergessen haben die neue Version abzuspeichern.

Die zur Verfügung stehenden Schaltflächen bewirken folgende Aktion:

"Ja"	Speichert den aktuellen Inhalt des Arbeitsspeichers unter dem gegebenen Dateinamen (sofern der Inhalt noch nie gespeichert wurde
"Nein"	Löscht den Arbeitsspeicher
"Abbrechen"	Kehrt zum Arbeitsbildschirm zurück (der Arbeitsspeicher wird nicht gelöscht)
"Hilfe"	Verzweigt in die Hilfsfunktion

Ein Programm drucken

Gerade bei der Entwicklung eines Programmes kann es oft von großem Nutzen sein, bestimmte Programmteile (oder das ganze Programm) in gedruckter Form vorliegen zu haben. Zu diesem Zwecke können Sie einen Ausdruck des Programmes oder von Programmteilen von QBASIC aus veranlassen. Wählen Sie im Pull-Down-Menü "Datei" den Eintrag "Drucken" aus.

Je nach Einstellung in dem Optionsfeld erhalten Sie einen Ausdruck des ganzen Programmes, des aktuellen Fensters (s. a. das Kapitel "Mehrere Fenster bearbeiten") oder des markierten Programmbereiches. Letzteres geschieht natürlich nur dann, wenn Sie vorher einen Programmbereich markiert haben.

Suchen und Ändern

QBASIC ermöglicht Ihnen, einen Text in dem gerade geladenen Programm zu suchen und eventuell sogar gegen eine andere Zeichenfolge auszutauschen.

Suchen

Aktivieren Sie die Dialogbox "Suchen" («Alt» + «S»; «S»), um in dem aktuell geladenen Programm nach einem Text zu suchen.

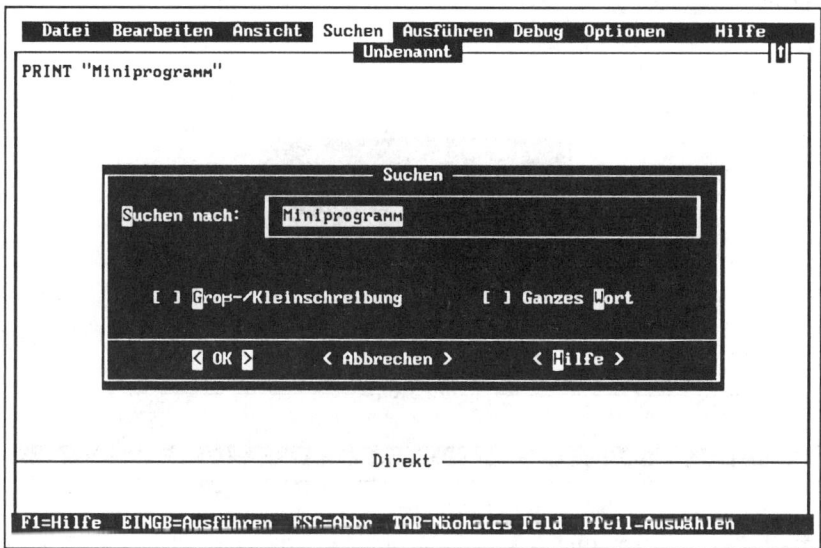

In dem Eingabefeld "Suchen nach: " geben Sie den gewünschten Suchbegriff ein. Soll QBASIC bei der Suche die Groß- und Kleinschreibung berücksichtigen, müssen Sie das Kontrollfeld "Groß-/Kleinschreibung" aktivieren. Mit der Option "Ganzes Wort" können Sie ausschließen, daß Texte gefunden werden, in denen Ihr Suchbegriff als Zeichenfolge enthalten ist.

Beispiel:

Sie suchen nach "BiS". Die nachfolgende Tabelle zeigt, wann QBASIC in Abhängikeit der Kontrollfelder die Zeichenfolge findet bzw. nicht findet.

Textpassage	Groß-/Kleinschreibung		Ganzes Wort	
	[X]	[ ]	[X]	[ ]
bis	Nein	Ja	Ja	Ja
BiSher	Ja	Ja	Nein	Ja

Kann QBASIC Ihre Zeichenfolge nicht finden, erhalten Sie eine Dialogbox mit entsprechender Meldung.

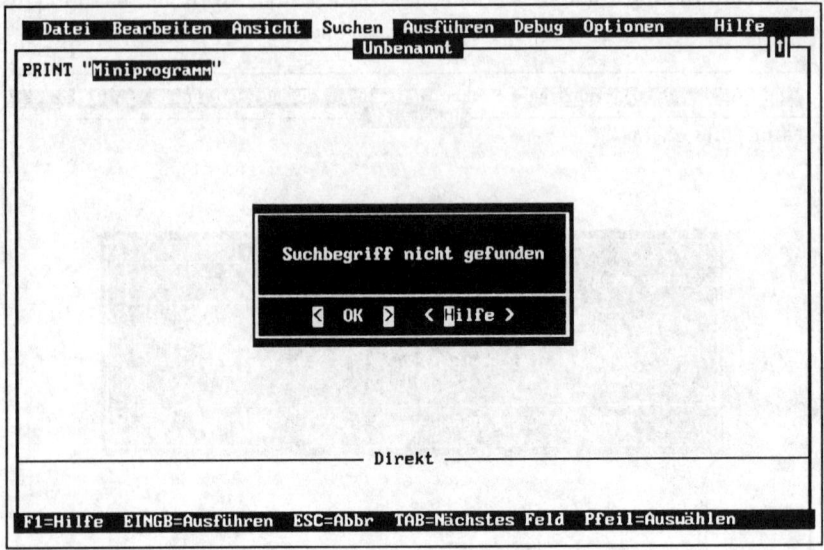

Hinweise: QBASIC sucht immer von der aktuellen Cursorposition in Richtung Programmende. Wird die Zeichenfolge bis dahin nicht gefunden, so wird die Suche automatisch am Programmanfang fortgesetzt. Wenn QBASIC die ursprüngliche Cursorposition wieder erreicht, ohne daß die Zeichenfolge gefunden wurde, erhalten Sie die oben abgebildete Dialogbox.

Die zu suchende Zeichenfolge darf maximal 127 Zeichen lang sein.

Weitersuchen

Oftmals sind die Suchbegriffe mehrmals im Programm vorhanden. Um nicht jedesmal wieder die Dialogbox "Suchen" aktivieren zu müssen, haben Sie die Möglichkeit, einen Suchvorgang nach demselben Suchbegriff zu verkürzen. Wählen Sie hierzu den Eintrag "Weitersuchen" im Pull-Down-Menü "Suchen" aus. Noch schneller geht es, wenn Sie einfach im Editor die Funktionstaste «F3» drücken.

Ändern

Dies ist eine Funktion, die das Suchen nach einer Zeichenfolge mit dem Ändern in eine andere Zeichenfolge verbindet. Aktivieren Sie die Dialogbox "Ändern" («Alt» + "S"; «E»).

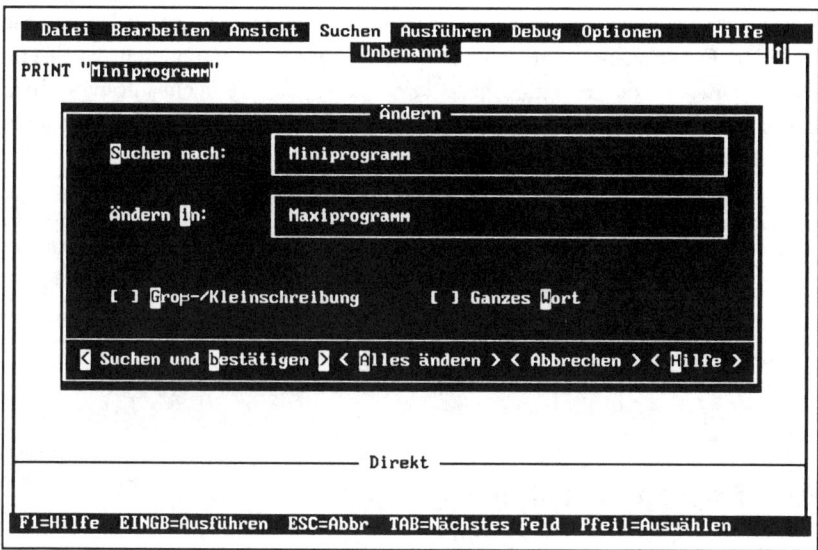

Zusätzlich zum Suchbegriff müssen Sie im Eingabefeld "Ändern in" die neue Zeichenfolge eingeben. Die beiden Kontrollfelder haben die gleiche Bedeutung wie bei der Funktion "Suchen". Beachtenswert sind in dieser Dialogbox die Schaltflächen. Die Schaltfläche "Suchen und bestätigen" bewirkt, daß QBASIC bei jedem gefundenen Suchbegriff eine Dialogbox anzeigt, in der Sie auswählen können, ob der Suchbegriff durch die neue Zeichenfolge ersetzt werden soll oder nicht. Im Gegensatz hierzu wird bei der Schaltfläche "Alles ändern" im gesamten Programm der Suchbegriff automatisch durch die neue Zeichenfolge ersetzt.

Mehrere Fenster bearbeiten

Mit der Menüauswahl "Aufteilen" im Pull-Down-Menü "Ansicht" («Alt A»; «U») können Sie Ihren Bildschirm in zwei Teile splitten. Somit haben Sie die Möglichkeit, Ihr Programm durch die entstandenen zwei Fenster an verschiedenen Stellen quasi simultan zu bearbeiten. Dabei können Sie mit der Funktionstaste «F6» von einem Fenster zum anderen wechseln. Durch Drücken der Funktionstaste «F6» gelangen Sie auch automatisch in das sogenannte Direkt-Fenster im unteren Bildschirmbereich. Dort eingegebene Basic-Befehle werden sofort ausgeführt.

Hinweis: Man kann diesen Direktmodus beispielsweise dazu nutzen, nach einer Programmunterbrechung bestimmte Variableninhalte mittels Print-Befehl anzuzeigen.

Ein Programm ausführen

Starten des Programms

Nachdem Sie ein Programm eingegeben haben, können Sie dieses mit der Tastenkombination «UMSCHALT» + «F5» starten. Sie können hierzu allerdings auch den Eintrag "Start" im Menü "Ausführen" («Alt» + «F»; «S») aktivieren. Nach Beendigung des Programms wechseln Sie automatisch in die QBASIC-Benutzeroberfläche zurück, nachdem Sie eine beliebige Taste gedrückt haben.

Ein Programm anhalten

Sie können ein laufendes Programm mit der Taste «Pause» anhalten. Die Verarbeitung wird erst wieder fortgesetzt, nachdem Sie eine beliebige andere Taste gedrückt haben.

Ein Programm abbrechen

Mit der Taste «Untbr» («Strg» + «Pause») können Sie ein laufendes Programm abbrechen. Sie gelangen sofort wieder in den Arbeitsbildschirm von QBASIC zurück. Ein anschließendes Drücken der Taste «F5» läßt das Programm an der vorher unterbrochenen Stelle wieder fortfahren. Der Eintrag "Weiter" im Menü "Ausführen" hat dieselbe Wirkung.

Das Hilfesystem

QBASIC verfügt über eine sehr gute Hilfsfunktion, die das Nachschlagen in einem Handbuch überflüssig macht. Es gibt zwei Möglichkeiten, in die Hilfefunktion einzusteigen. Mit der Tastenkombination «UMSCHALT» + «F1» können Sie jederzeit das Einstiegsbild des Hilfesystems aktivieren.

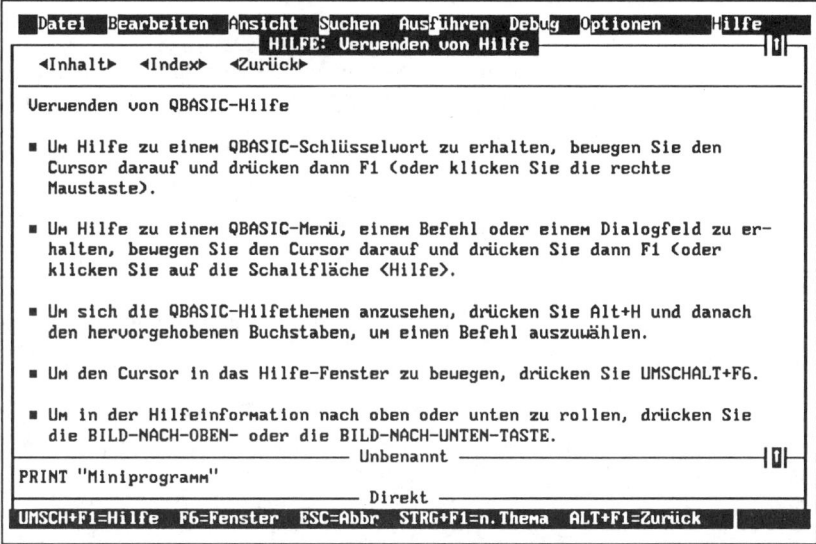

Die eingeklammerten Begriffe stellen Querverweise auf andere Hilfeseiten dar. Bewegen Sie den Cursor mit den Pfeiltasten auf den gewünschten Querverweis und betätigen Sie anschließend die Taste «EINGABE», um auf die zugehörige Hilfeseite zu gelangen. Wählen Sie den Querverweis "Inhalt" und Sie erhalten das Inhaltsverzeichnis des Hilfesystems.

Hinweis: Mit der Maus müssen Sie einen Querverweis zweimal hintereinander anklicken (Doppelklick), um die zugehörige Hilfeseite zu erhalten.

Ist der Hilfstext länger, als auf einer Bildschirmseite im Hilfsfenster angezeigt werden kann, so können Sie mit den Tasten «Bild↑» bzw. «Bild↓» durch den Hilfetext blättern.

Aktivieren Sie den Querverweis "Index", um in die Indexfunktion des Hilfesystems zu gelangen.

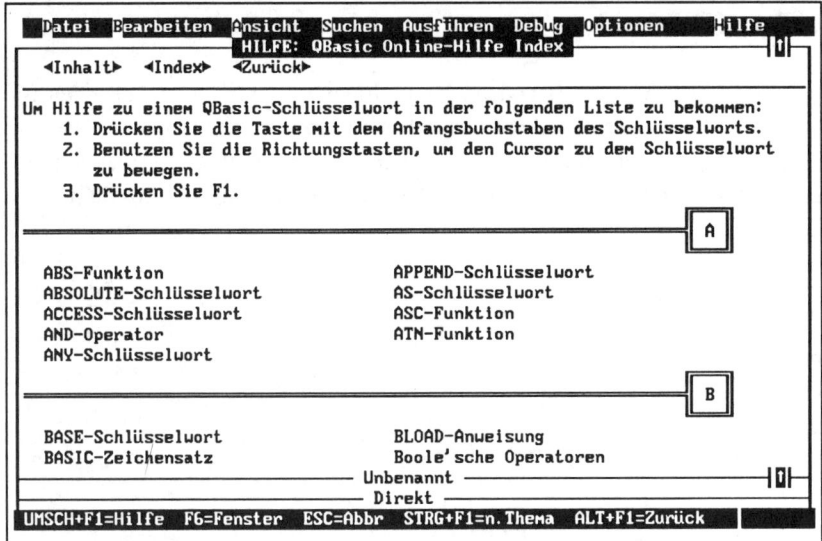

Dort sind alle Basicbefehlswörter alphabetisch sortiert aufgelistet.

Sie kommen schneller an benötigte Hilfsinformationen, wenn Sie die Taste «F1» drücken, nachdem Sie

☐ den Cursor auf ein Befehlswort im Programm gesetzt oder

☐ einen Menüeintrag mit den Pfeiltasten angesteuert oder

☐ in einer Dialogbox ein Element angewählt haben.

In allen Fällen beenden Sie die Hilfsfunktion mit der Taste «ESC».

Aufgabe 6:   Schlagen Sie im Hilfesystem die Informationen zur "Verwendung von Dialogfeldern" nach.

QBASIC beenden

Mit der Auswahl von "Beenden" im Pull-Down-Menü "Datei" beenden Sie QBASIC. Sofern sich im Arbeitsspeicher ein noch nicht in aktueller Version gespeichertes Programm befindet, erhalten Sie die Möglichkeit, dies nachzuholen. Näheres zum nachträglichen Speichern finden Sie im Abschnitt "Ein neues Programm erstellen".

Sprachelemente in BASIC

Im Kapitel "Vom Problem zum Programm" haben Sie gesehen, daß eine gegebene Handlungsanweisung für die Durchführung einer Aufgabe in ein Computerprogramm transformiert werden konnte. Das so entstandene Computerprogramm bestand nun wiederum aus Wörtern und Sonderzeichen, welche gemäß einem Regelwerk, ähnlich wie bei einer natürlichen Sprache (Deutsch, Englisch,...), aneinandergereiht wurden. Im Gegensatz zur natürlichen Sprache ist das Regelwerk einer Programmiersprache allerdings wesentlich strikter einzuhalten, selbst ein vergessenes Komma wird in der Regel dazu führen, daß ein Programm nicht korrekt (oder gar nicht) ausgeführt werden kann. Ein solches Regelwerk zur sprachlichen Notierung von Programmen wird als *Syntax* einer Programmiersprache bezeichnet.

Schlüsselwörter

Einige der in einem Programm verwendeten Wörter haben eine besondere Bedeutung und heißen deshalb Schlüsselwörter (oder auch reservierte Wörter). Die Übersetzung eines Schlüsselwortes durch den Interpreter (oder Compiler) hat immer eine fest definierte Aktion des Computers zur Folge. So bewirkt beispielsweise das Schlüsselwort "PRINT", daß irgend etwas am Bildschirm ausgegeben wird. Es bedarf nun weiterer Ausdrücke im Programm, um dem Befehl "PRINT" mitzuteilen, was konkret am Bildschirm ausgegeben werden soll.

Syntax-Konventionen

Zur Darstellung der Syntax eines Schlüsselwortes gibt es verschiedene Verfahren. Aus naheliegenden Gründen werden wir im weiteren Verlauf dieses Buches bei der Erläuterung von BASIC-Sprachelementen die gleiche Syntaxdarstellung wie im QBASIC-Hilfesystem benutzen. Die formale Darstellung der Syntax eines Befehls wird auch als Syntaxdiagramm bezeichnet. Die nachfolgende Tabelle gibt Ihnen einen Überblick über die verwendeten Elemente in einem Syntaxdiagramm:

Element	Bedeutung
SCHLÜSSELWORT	Der eigentliche Basicbefehl wird immer in Großbuchstaben dargestellt.
Platzhalter	Vielen Basicbefehlen folgen weitere Ausdrücke.
[ ]	Ergänzungen in eckigen Klammern sind optional.
{A1|A2}	Hier kann zwischen den zwei Alternativen A1 bzw. A2 ausgewählt werden.
. . .	Drei Punkte hintereinander bedeuten, daß der vorhergehende Teil beliebig häufig wiederholt werden kann.
START-SCHLÜSSELWORT . . . END-SCHLÜSSELWORT	Drei Punkte untereinander bedeuten, daß zwischen den beiden begrenzenden Befehlen beliebige andere Basicbefehle verwendet werden können.

Der Umgang mit solchen Syntaxdiagrammen soll am Beispiel des PRINT-Befehls vertieft werden.

Der Befehl PRINT

Mit dem PRINT-Befehl können Sie Daten auf dem Bildschirm ausgeben.

Das vorläufige Syntaxdiagramm des PRINT-Befehls lautet folgendermaßen:

```
PRINT
```

Gemäß dieser Syntaxdarstellung können Sie die PRINT-Anweisung nur allein, d. h. ohne die Angabe weiterer Parameter verwenden. In diesem Falle erhalten Sie für jeden PRINT-Befehl eine Leerzeile auf dem Bildschirm. Solche Leerzeilen können Sie später zum Aufbau eines übersichtlichen Bildschirms verwenden.

Kommentare

Im Programm eingefügte Kommentare werden bei der Verarbeitung von QBASIC einfach übergangen. Kommentare bieten Ihnen also die Möglichkeit, irgendwelche Textpassagen in den Programmtext einzubauen, ohne damit die eigentliche Semantik des Programmes zu beinflussen.

Sie können dies beispielsweise zur Dokumentation des Programmes nutzen und sollten von dieser Möglichkeit ruhig häufig Gebrauch machen. Wenn Sie sich nach einigen Wochen (Monaten oder sogar Jahren) wieder Ihr Programm betrachten, werden Ihnen die Komentare (sofern sinnvoll verwendet) sicherlich helfen, sich schnell in das Programm einzuarbeiten. Ein Kommentar wird in QBASIC mit dem Zeichen " ' " eingeleitet. Der Rest der Programmzeile kann dann nicht mehr zur Eingabe von Basicbefehlen verwendet werden.

Beispiele:

```
'Dies ist ein Kommentar
'PRINT alleine erzeugt eine Leerzeile auf dem Bildschirm
PRINT
PRINT    'Hinter jeder Anweisung kann eine Kommentar
PRINT    'gesetzt werden
PRINT
'Ausgabe einer Leerzeile              PRINT
```

Hinweis: Die ganze letzte Programmzeile wird von QBASIC als Kommentar interpretiert, d. h. die enthaltene PRINT-Anweisung wird nicht ausgeführt.

Nachdem Sie jetzt die Möglichkeit kennengelernt haben, Kommentare in ein BASIC-Programm einzufügen, soll im nächsten Schritt der Begriff "numerischer Ausdruck" eingeführt werden.

Numerischer Ausdruck

Zahlen bilden die einfachste Form eines numerischen Ausdruckes. Eine Zahl besteht aus den Ziffern "0..9" und den Sonderzeichen "- + . D". Sie müssen beachten, daß anstelle des Dezimaltrennzeichens "," der Punkt "." verwendet werden muß.

Beispiele:

```
92
4.23          für  4,23
9.23D+78      für  9,23  *  10⁷⁸
-2.77         für  -2,77
-1.34D-23     für  -1,34  *  10⁻²³
```

Aufgabe 7: Welche der folgenden Beispiele sind keine Zahlen ?

```
9,34   /   -345A.34   /   234.3245D+19   /
123.24  /  "12454.34"  /  - 234.45
```

Komplexere numerische Ausdrücke erhalten Sie, wenn Sie Zahlen im Programm miteinander verknüpfen, beispielsweise um Berechnungen durchzuführen. Die Symbole, mit denen die Zahlen verknüpft werden können, heißen Operatoren und haben folgende Bedeutung:

Operator	Bedeuteung
*	Multiplikationszeichen
/	Divisionszeichen
+	Additionszeichen
-	Minuszeichen
(	Klammer auf
)	Klammer zu
^	Potenzierung ($2\char94 3 = 2^3$)

Hinweise: In QBASIC gilt "Punktrechnung vor Strichrechnung", allerdings können Sie durch entsprechende Klammerung die Berechnungsreihenfolge verändern.

Die neue Syntaxdarstellung des PRINT-Befehls bietet Ihnen die Möglichkeit, erste Erfahrungen mit einfachen numerischen Ausdrücken zu sammeln.

PRINT [Ausdruck]

Ausdruck Hier können Sie einen numerischen Ausdruck verwenden. Der Wert dieses Ausdrucks wird am Bildschirm angezeigt.

Beispiel:

Durch die eckigen Klammern ist die Verwendung eines Ausdrucks im PRINT-Befehl optional, somit können Sie natürlich weiterhin mit PRINT eine Leerzeile auf dem Bildschirm ausgeben.

```
'Beispielprogramm zur Verwendung der PRINT-Anweisung
'Als erstes werden einfache Zahlen ausgegeben
PRINT 12
PRINT 23.34
PRINT -345.454
PRINT 'Ausgabe von Leerzeilen
PRINT
PRINT
'Ausgaben von numerischen Ausdrücken
PRINT 12-4
PRINT +6+56-6
PRINT 3*4-4*(4+1)
PRINT 3+2^3
'Ende des Programms
```

Aufgabe 8:   a)   Bestimmen Sie die Ausgaben des nachfolgenden Programmes. Überprüfen Sie Ihre Vermutungen, indem Sie das Programm abtippen und ausführen.

```
'Aufgabe 8
'Welche Ausgaben werden erzeugt
PRINT 23.4
PRINT -1
'Ausgabe der Zahl 8 PRINT 8
PRINT
PRINT
PRINT 3*4-32
PRINT 2^3-3*2+(3*(6-2))
'Ende des Programms
```

b)   Entwickeln Sie ein Programm, welches folgende Berechnungen ausführt und die Ergebnisse am Bildschirm anzeigt.

$$34 + 35 + 46 + 57$$
$$3 - 5 - 6 - 7$$
$$3 * 4 * 5 * 6 * 7$$
$$2 / 4 / 5 / 6 / 7$$
$$-4 * (5 + 5^2)$$
$$100,34 / (34,23 - 2,3^{(3-5)})$$
$$(4 + 6) / (5 - (4 + 1))$$

Zeichenfolgeausdruck (Strings)

Der einfachste Zeichenfolgeausdruck ist ein Text, der aus einer beliebigen Kombination von Buchstaben, Ziffern und Sonderzeichen, die in Anführungszeichen (") eingeschlossen sind, besteht. Texte werden beispielsweise dazu verwendet, um Überschriften, Kommentare oder Hinweise am Bildschirm auszugeben.

Beispiele:

```
"Geben Sie die Höhe ein:"
"2345,34"
"Programm beenden ? (J/N)"
"Dieses Programm berechnet das Volumen eines Quaders"
"------"
```

Hinweise: Da das Anführungszeichen das Begrenzungszeichen für einen Text ist, kann dieses Zeichen selbst nicht als Textzeichen verwendet werden (Beispiel: "Geben Sie "J/N" ein um weiterzumachen"). Um dieses Zeichen dennoch darstellen zu können, benötigen Sie die Funktion CHR$, die im Kapitel "Zeichenfolgen bearbeiten" behandelt wird.

Durch Verknüpfung von Texten mit dem Operator "+" können Sie diese hintereinanderketten und erhalten dadurch komplexere Zeichenfolgeausdrücke.

Beispiel:

"Schönes "+ " Wetter " +" heute" **ergibt** "Schönes Wetter heute".

An dieser Stelle wollen wir das Syntaxdiagramm von PRINT erneut erweitern, damit Sie von nun an auch mit Zeichenfolgeausdrücken arbeiten können.

PRINT [Ausdruck]

Ausdruck   Hier können Sie entweder einen numerischen Ausdruck oder Zeichenfolgeausdruck verwenden. Der
Wert des verwendeten Ausdrucks wird am Bildschirm angezeigt.

Beispiel:

```
'Ausgabe von Ausdrücken mit dem PRINT-Befehl
PRINT "Nachfolgend werden einige Zahlen ausgegeben"
PRINT 23.4
PRINT -10.2
PRINT
PRINT
PRINT "Jetzt wird (10+4)-4*(2-3^2) berechnet"
PRINT (10 + 4) - 4 * (2 - 3 ^ 2)
PRINT
PRINT "Zum Schluß werden die Wörter "
PRINT
PRINT "Hintereinanderkettung von Text"
PRINT "Heute"+" ist"+" schönes" + " Wetter"
'Ende des Programms
```

Datentypen

In der Regel benötigt jedes Programm Daten, seien es Zahlen oder Texte, die
irgendwie im Programm verarbeitet werden. Diese Daten können in vielfälti-
ger Art und Weise auftreten. So lassen sich im einfachsten Fall numerische
Daten (Zahlen) und nicht-numerische Daten (Texte), also zwei verschiedene
Datentypen, unterscheiden. In QBASIC müssen die verschiedenen Datentypen allerdings differenzierter unterschieden werden.

Standard-Datentypen

Von sich aus stellt QBASIC dem Programmierer folgende Standard-Datentypen zur Verfügung:

Typ	Symbol	Inhalt
INTEGER	%	ganze Zahlen im Bereich von -32.768 bis + 32.768
LONG	&	ganze Zahlen im Bereich von -2.147.483.648 bis +2.147.483.648
SINGLE	!	Fließkommazahlen im Bereich +- 8,43 $*$ 10^{-37} bis +- 3,37 $*$ 10^{+38}
DOUBLE	#	Fließkommazahlen im Bereich +- 4,19 $*$ 10^{-307} bis +- 1,67 $*$ 10^{+308}
STRING	$	beliebige Texte mit maximal 32.767 Zeichen.

Hinweis: Die Überlegung bei der Programmentwicklung, welche Datentypen für die Verarbeitung von Informationen verwendet werden sollten, ist kein Selbstzweck, denn eine Berechnung von INTEGER-Typen ist wesentlich schneller als die gleiche Berechnung mit DOUBLE-Typen.

Selbstdefinierte Datentypen

In QBASIC können Sie neben den Standard-Datentypen auch Ihre eigenen Datentypen erzeugen. Als Bausteine dienen dabei die Standardtypen, die gemäß Ihren Vorstellungen zu Gruppen zusammengefaßt werden.

Konstanten und Variablen

Kehren wir nochmals zu unserem Quaderprogramm aus dem Kapitel "Vom Problem zum Programm" zurück. Bei der Berechnung verschiedener Quader war der eigentliche Ablauf des Programms (Eingabe der Kantenlängen, Berechnung von Volumen und Oberfläche, Ausgabe der Ergebnisse) jedesmal identisch. Lediglich die Werte, mit denen das Programm operieren sollte, wurden von Fall zu Fall verändert. Sie haben außerdem gesehen, daß zum Transport der Eingabedaten durch das Programm Behälter verwendet wurden, die in der Lage waren, Werte (z. B. die Höhe) durch das Programm zu transportieren. Man kann solche Behälter danach unterscheiden, ob deren Inhalt während des Programms nur gelesen oder auch verändert werden kann. Im ersten Fall heißen die Behälter "Konstanten" und im zweiten Fall spricht man von "Variablen".

Konstanten

Konstanten werden am Anfang eines Programms definiert und stehen anschließend im gesamten Programm unter dem definierten Konstantennamen zur Verfügung. Die Anweisung zur Definition lautet:

CONST Konstantenname = Ausdruck
[,Konstantenname = Ausdruck]...

Konstantenname   Name der Konstanten. Er kann aus maximal 40 Zeichen bestehen und muß mit einem Buchstaben beginnen. Als Zeichen können Sie A..Z, 0..9 und den Punkt "." (Umlaute wie "Ä" oder "Ö" sowie das "ß" sind nicht erlaubt) verwenden. Groß-/Kleinschreibung ist dabei unerheblich. Als letztes Zeichen müssen Sie das Symbol (! # % $ %) für den gewünschten Datentyp verwenden (sofern Sie kein Symbol an den Konstantennamen anhängen, verwendet QBASIC den Typ SINGLE). Beachten Sie, daß Sie als Konstantennamen keine Schlüsselwörter verwenden dürfen.

Ausdruck   Ein Wert, der in der Konstanten gespeichert werden soll. Dieser Wert kann eine Zahl, eine Berechnung aus Zahlen (außer dem Potenzoperator " ^ ") und anderen Konstanten oder ein Text sein.

Beispiel:

```
'Arbeiten mit Konstanten
CONST pi!= 3.14
CONST mwst% = 14
CONST text$ = "Guten Morgen", va! = 3.14, steuer6% = 17
CONST steuer7% = steuer6% * mwst% + 6
PRINT "Ausgabe der definierten Konstanten"
PRINT pi!
PRINT mwst%
PRINT text$
PRINT steuer7%
PRINT
PRINT "Ausgabe von komplexeren Ausdrücken"
PRINT text$+" liebe Sorgen"
PRINT steuer7% * mwst% - (34 / pi!)
'Ende des Programms
```

Aufgabe 9:   a)   Überlegen Sie, welchen Vorteil die Verwendung einer Konstante (zum Beispiel für den Mehrwertsteuersatz) im Vergleich zur Benutzung einer Zahl haben könnte. Gehen Sie davon aus, daß in Ihrem Programm an vielen verschiedenen Stellen mit dem Mehrwertsteuersatz gerechnet wird.

              b)   Definieren Sie folgende Konstanten:

Name	Wert
Otto45	Dies ist deine heutige Summe:
A4563	456734
A56BD	5,45 * 1038

              c)   Welcher Wert ist bei der folgenden Definition in der Konstanten "WASISTGESPEICHERT" gespeichert?

Sprachelemente in BASIC

Überprüfen Sie Ihre Vermutung, indem Sie ein entsprechendes Programm entwickeln.

```
CONST A% = 8 + 4
CONST B% = 12 - 3 * (2 + 1)
CONST C% = A% + B% + 1
CONST wasistgespeichert% = A% + B% + 2 * C%
```

d) Was ist zu beachten, wenn man - wie in Aufgabenteil "c" - bei der Zuweisung von Konstantenwerten wieder einen Konstantennamen verwendet?

Variablen

Variablen werden ähnlich wie die Konstanten am Programmanfang definiert und stehen anschließend unter dem gewählten Variablennamen zur Verfügung. Im Unterschied zu Konstanten können Variableninhalte allerdings im Programm verändert werden.

Hinweise: Eine oft kritisierte Eigenschaft von Basic ist, daß Variablen eigentlich nicht definiert werden müssen, das heißt, wann immer Sie während des Programmes eine Variable benötigen, können Sie diese einfach verwenden. Andere Computersprachen (Pascal, C, Cobol..) setzen vor der Verwendung einer Variablen voraus, daß diese definiert wurde. Sie sollten sich im eigenen Interesse daran gewöhnen, Variablen am Programmanfang zu definieren, da hierdurch die Lesbarkeit des Programmes wesentlich erhöht wird. Zum anderen erleichtern Sie sich gegebenenfalls den Umstieg bzw. die Einarbeitung in eine andere Programmiersprache.

Die Anweisung zur Definition von Variablen lautet:

DIM [SHARED] Variablenname [,Variablenname]...

SHARED   Gibt an, daß die Variable auch von allen Proze-
                duren und Funktionen benutzt werden darf.

Variablenname   Name der Variablen. Er kann aus maximal 40 Zei-
                chen bestehen und unterliegt ansonsten den glei-
                chen Vorschriften wie bei den Konstanten.

Beispiele:

```
DIM SHARED hoehe!
DIM tiefe!
DIM hoehe!, breite!, ort$, telefon$
```

Hinweise: Sie sollten darauf achten, daß Sie bei der Verwendung von
                Variablen (und Konstanten) sprechende Namen verwenden;
                den Variablen hoehe!, ort$ oder telefon$ assoziiert man so-
                fort die Verwendung der Variable. Was könnte sich wohl hin-
                ter den Variablen BX51ZAN$, Z5001AXH# und
                XA700CD% verbergen?

Aufgabe 10:   Definieren Sie folgende Variablen:

                ☐ Speicherung eines Vornamens

                ☐ Speicherung der Telefax-Nr.

                ☐ Speicherung des Gehaltes

                ☐ Speicherung der Konto-Nr.

Bevor Sie im weiteren Verlauf dieses Kapitels eine Möglichkeit kennenlernen, wie Sie in einer Variablen einen Wert speichern können, sollen nochmals
die Begriffe "numerischer Ausdruck" und "Zeichenfolgeausdruck" definiert
werden, auch wenn diese schon häufiger im Text erläutert und benutzt worden sind.

Numerischer Ausdruck

Ein numerischer Ausdruck ist eine Kombination von Zahlen, numerischen Konstanten, numerischen Variablen und später auch bestimmten Funktionen, die eventuell mit Operatoren verknüpft sind.

Zeichenfolgeausdruck

Ein Zeichenfolgeausdruck ist entsprechend dem numerischen Ausdruck eine Kombination von Texten, Textkonstanten, Textvariablen und später auch bestimmten Funktionen, die eventuell mit dem Operator "+" verknüpft sind.

Aufgabe 11: In einem Programm sind folgende Konstanten und Variablen definiert:

```
CONST TEXT$ = "Es war einmal"
CONST A$ = "A"
CONST ZEHN% = 10
DIM AUSGABE$, ERGEBNIS%, EINGABE!
```

In den Variablen sind folgende Daten gespeichert:

AUSGABE$	"Schönes Wetter"
ERGEBNIS%	0
EINGABE!	100.3

Enscheiden Sie, welchen Typs die folgenden Ausdrücke sind.

```
1) TEXT$ + "schlechtes Wetter"
   + "oder" +    AUSGABE$
2) "A" + 10 + "B"
3) ERGENIS% + 2.15 - A$
4) TEXT$ + "10.32" + A$
5) EINGABE! - ZEHN% + 2 * (4 - ZEHN%)
```

Variablen Werte zuweisen

Wie Sie in einer Variablen einen Wert speichern können, ist nach Einführung dieser beiden Begriffe leicht zu erläutern. Die Syntax lautet:

Variablenname = {Zeichenfolgeausdruck | numerischer Ausdruck}

Bei der Wertzuweisung müssen Sie darauf achten, daß der Variablentyp zum Typ des Ausdrucks rechts vom Gleichheitszeichen paßt. So erhalten Sie einen Laufzeitfehler, wenn Sie versuchen, einen Zeichenfolgeausdruck in einer numerischen Variablen zu speichern und umgekehrt. Auch sollte der exakte Typ eines numerischen Ausdruckes mit dem Variablentyp übereinstimmen, um Überraschungen bei einer Berechnung zu vermeiden.

Beispiele:

```
CONST pi! = 3.14      'SINGLE-Fließkommakonstante
DIM zahl%             'Integerzahl
zahl% = 2 + 4 * pi!
PRINT zahl%
```

Anschließend ist in der Variablen Zahl% der Wert 15 und nicht 14,56, wie vielleicht erwartet, gespeichert. Das Programm müßte folgendermaßen geändert werden:

```
DIM zahl!             'SINGLE-Fließkommavariable
PRINT zahl!
```

Weiterhin müssen Sie dafür Sorge tragen, daß Sie bei einer Berechnung keinen Zahlenüberlauf erhalten:

```
CONST test% = 16900
DIM ergebnis%
ergebnis% = test% + test%
PRINT ergebnis%
```

Dies führt bei der Programmausführung zu einem Zahlenüberlauf bei der Variablen 'ergebnis%', da eine INTEGER-Variable maximal den Wert 32767 aufnehmen kann. Ersetzen Sie die Variable 'ergebnis%' durch die LONG-Variable 'ergebnis&' (benutzen Sie hierfür die Ersetzen-Funktion des QBASIC-Editors), danach arbeitet das Programm korrekt.

Dem Programmieranfänger mag folgende Wertzuweisung etwas seltsam erscheinen:

```
DIM j%
j% = 1
j% = j% + 234    '????
```

Solche Konstruktionen, bei denen die Zielvariable (rechts vom Gleichheitszeichen) auch links vom Gleichheitszeichen vorkommt, werden Ihnen häufig über den Weg laufen. Die Interpretation solcher Ausdrücke ist aber recht einfach. Zuerst wird der Ausdruck rechts vom Gleichheitszeichen mit dem aktuellen Inhalt aller beteiligten Variablen (j% = 1) berechnet. Erst danach wird die eigentliche Wertzuweisung durchgeführt. Somit steht nach der Wertzuweisung in unserem Beispiel der Wert 235 in der Variablen j% zur Verfügung.

Zum Abschluß dieser Einleitung sollen Sie noch einmal die Gelegenheit erhalten, sich an einem fiktiven Beispiel mit den Syntaxdiagrammen auseinanderzusetzten.

Aufgabe 12: Der fiktive Befehl ZEICHNEN, der an den eingegebenen Koordinaten einen Punkt am Bildschirm anzeigt und die Punkte ggf. durch eine Linie miteinander verbindet, sei durch folgendes Syntaxdiagramm definiert:

ZEICHNEN Ausdruck [{;|+}Ausdruck] ...

Ausdruck	Zeichenkoordinaten in der Form xx/yy z.B. 10/14.
{;|+}	; : keine Verbindung zur vorherigen Koordinate zeichnen.
	+ : Verbindung zur vorherigen Koordinate zeichnen.

Entscheiden Sie anhand des dargestellten Syntaxdiagramms für den fiktiven Befehl "ZEICHNEN", welche der folgenden Anweisungen syntaktisch korrekt sind. Bei korrekten Anweisungen beschreiben Sie umgangsprachlich, was der Befehl bewirkt:

```
ZEICHNEN 10/10
ZEICHNEN 12/34
ZEICHNEN 10/10 20/30 40/50
ZEICHNEN 10/10;20/30+50/89;460/30+23/45
```

Einfache Ein- und Ausgabe

In diesem Kapitel lernen Sie einfache Befehle und Funktionen kennen, mit denen Sie Bildschirmausgaben und Tastatureingaben realisieren können.

Bildschirmausgabe

Mit dem PRINT-Befehl können Sie Daten auf dem Bildschirm ausgeben. Die Syntax von PRINT lautet:

PRINT [Ausdruck] [{;|,}Ausdruck]...[{;|,}]

Ausdruck	Hier können Sie entweder einen numerischen Ausdruck oder einen Zeichenfolgeausdruck verwenden. Der Wert des verwendeten Ausdruckes wird am Bildschirm angezeigt.
{;|,}	Legt den Anfang der nachfolgenden Ein-/Ausgabe fest:

     ; : nachfolgenden Ausdruck bündig anschließen.

     , : nachfolgenden Ausdruck an den Anfang des nächsten Ausgabebereiches setzen. Ein Ausgabebereich ist ein Block mit einer Breite von 14 Zeichen.

Wird am Ende der PRINT-Anweisung weder das Zeichen ";" noch das Zeichen "," gesetzt, dann führt QBASIC eine Zeilenschaltung durch, d. h. eine nachfolgende Ein-/Ausgabe erfolgt in der nächsten Zeile.

Beispiel 1:

Angenommen, Sie möchten folgende Nachricht innerhalb einer Zeile am Bildschirm ausgeben:

"Das Volumen beträgt .... Quadratmillimeter", wobei anstelle des Platzhalters ein konkreter Wert stehen soll.

```
'Unterdrücken des Zeilenvorschubs
PRINT "Das Volumen beträgt ";
PRINT 211.37;
PRINT " Quadratmillimeter"
'Ende des Programms
```

Die ersten beiden PRINT-Befehle werden mit einem Semikolon abgeschlossen, wodurch eine Zeilenschaltung unterdrückt und der ganze Satz in einer Bildschirmzeile ausgegeben wird.

Da Sie aber mit einer PRINT-Anweisung mehrere Ausdrücke hintereinander ausgeben können, läßt sich die Ausgabe folgendermaßen vereinfachen:

```
PRINT "Das Volumen beträgt "; 211.37; "
Quadratmillimeter"
```

Beispiel 2:

Dieses Beispiel soll Ihnen die Verwendung des Kommas beim PRINT-Befehl demonstrieren. Wie Sie nach dem Start dieses Programmes erkennen können, beginnt der zweite Ausdruck jeweils in Spalte 15, also im zweiten Ausgabebereich.

```
'Beispiel einer Tabelle
PRINT "Ausgabe einer Tabelle"
PRINT "1    2    3    4"
PRINT "12345678901234567890123456789001234567890"
PRINT "Spalte 1", "Spalte 2"
PRINT
PRINT 37.67, 45.99
PRINT 45.38, 12.44
PRINT "=======", "======="
PRINT 37.67 + 45.38, 45.99 + 12.44
'Ende des Programms
@T4 = Hinweis:
```

Wenn Sie das Programm laufen lassen, irritiert Sie vielleicht die Zahlendar-stellung, da die Zahlen scheinbar erst in Spalte 2 bzw. Spalte 16 beginnen. Sie müssen hierbei berücksichtigen, daß vor der ersten Ziffer eine Stelle für den Ausdruck des Vorzeichens reserviert ist; allerdings wird das Vorzeichen "+" nicht explizit dargestellt. Sie können den Effekt deutlich machen, indem Sie in dem Beispiel negative Zahlen verwenden.

Aufgabe 13:   Entscheiden Sie, welche der nachfolgenden Ausdrücke syn-taktisch korrekt sind:

```
PRINT "Anton "+"Berta ";"sind"+" ";
"Geschwister"
PRINT 23,43
PRINT 'Ausgabebefehl'
PRINT 34*4-15,23+5*8;" Quersumme
"+"---",(34*5-15)+(23+5*8)
```

Hinweis: Die Verwendung von LPRINT gibt die Daten auf einem Drucker aus. Ansonsten ist die Syntax identisch mit dem PRINT-Befehl.

Bildschirmlöschen

Der Befehl CLS löscht den Bildschirm und wird ohne weitere Zusätze ver-wendet. Nachdem Sie den Bildschirm gelöscht haben, erfolgt ein nachfolgen-der Ausgabebefehl in der linken oberen Bildschirmecke (erste Zeile und Spalte des Bildschirms).

Beispiel:

```
'Dieses Programm demonstriert das Bildschirmlöschen
CLS
'Bildschirm ist gelöscht
PRINT "Ausgabe in der linken oberen Ecke, ";
PRINT "ansonsten ist der Bildschirm leer"
'Ende des Programms
```

Tastatureingaben

Durch den nachfolgend dargestellten INPUT-Befehl erhalten Sie die Möglichkeit, Daten während des Programmes einzugeben und diese anschließend im Programm zu verarbeiten. Standardmäßig wird die Eingabeaufforderung vom Programm durch ein Fragezeichen am Bildschirm angezeigt. Die Eingabe von Daten wird durch Drücken der Taste «EINGABE» abgeschlossen und der eingegebene Wert wird in der spezifizierten Variablen gespeichert.

INPUT [Text {;|,}] Variablenname [, Variablenname]...

Text	Dieser Text wird am Bildschirm angezeigt, bevor der Anwender die Eingabe machen kann.
{;|,}	Ein Semikolon bewirkt, daß von QBASIC ein Fragezeichen an den Text zur Kennzeichnung der Eingabeaufforderung angehängt wird. Wird stattdessen das Komma verwendet, so wird kein Fragezeichen an den Text angehängt.
Variablenname	In dieser Variablen soll die Eingabe gespeichert werden. Die Variable sollte am Programmanfang definiert worden sein.

Beispiel 1:

Gemäß dem Syntaxdiagramm lautet die einfachste Form des Befehls **INPUT Variablenname**. In dem folgendem Programm haben Sie die Möglichkeit, Eingaben für die drei Variablen "hoehe!", "breite!" und "tiefe!" einzugeben. Anschließend wird das Ergebnis einer Berechnung mit den drei Eingabedaten am Bildschirm ausgegeben.

```
'Beispiel 1
DIM hoehe!, breite!, tiefe!
CLS
INPUT hoehe!
INPUT breite!
INPUT tiefe!
PRINT
PRINT "Ergebnis "; hoehe! * breite! * tiefe!
'Ende des Programms
```

Beispiel 2:

Das vorhergehende Programm hat offensichtlich den Nachteil, daß Sie am Bildschirm nicht sehen, was Sie gerade eingeben sollen. Der INPUT-Befehl bietet Ihnen aber die Möglichkeit, vor der eigentlichen Eingabeaufforderung einen Text am Bildschirm anzuzeigen.

```
'Beispiel 2
DIM hoehe!, breite!, tiefe!
CLS
INPUT "Bitte geben Sie die Höhe ein       :"; hoehe!
INPUT "Bitte geben Sie die Breite ein     :"; breite!
INPUT "Bitte geben Sie die Tiefe ein      :"; tiefe!
PRINT
PRINT "Ergebnis "; hoehe! * breite! * tiefe!
'Ende des Programms
```

Die Verwendung des Semikolons bewirkt, daß nach der Textausgabe ein Fragezeichen angezeigt wird. Dieses Fragezeichen kann durch die Benutzung des Kommas unterdrückt werden. Eine INPUT-Anweisung hat dann beispielsweise folgendes Format:

INPUT "Bitte geben Sie die Höhe ein", hoehe!

Übung: Verändern Sie das Beispiel 2 so, daß als Eingabeaufforderung kein Fragezeichen mehr angezeigt wird.

Hinweis: Der INPUT-Befehl prüft, ob der eingegebene Wert zur angegebenen Variablen paßt. Wenn Sie versuchen, eine Fließkommazahl in eine INTEGER-Variable zu speichern, so wird der Eingabewert auf die nächstgrößere Zahl gerundet. Problematischer wird es bei der Eingabe von Text, wenn im INPUT-Befehl eine numerische Variable verwendet wurde. In diesem Fall verweigert QBASIC die Annahme Ihres Eingabewertes und dokumentiert dies mit der Fehlermeldung "Nochmal von vorn beginnen".

Einfache Ein- und Ausgabe

Aufgabe 14: Sie haben in diesem Abschnitt den INPUT-Befehl mit der Variante kennengelernt, vor der Eingabeaufforderung einen Text am Bildschirm auszugeben.

a) Überlegen Sie sich ein Verfahren, vor der Eingabe am Bildschirm Texte auszugeben, ohne diese im INPUT-Befehl zu codieren. Überprüfen Sie Ihr Verfahren an folgender Befehlszeile:

```
INPUT "Höhe eingeben"; hoehe!
```

b) Bei dem im Aufgabenteil a) entwickelten Verfahren meldet sich der INPUT-Befehl immer durch ein Fragezeichen am Bildschirm. Versuchen Sie ein Verfahren zu konstruieren, bei dem die Anzeige des Fragezeichens unterbleibt.

Formatierte Bildschirmausgabe

Folgender Befehl dient zur formatierten Ausgabe von beliebigen Daten auf dem Bildschirm. Die Verwendung ist dem PRINT-Befehl sehr ähnlich.

PRINT USING Maske Ausdruck [;]

Maske	Hier spezifizieren Sie die gewünschte Ausgabemaske.
Ausdruck	Sie können entweder einen numerischen Ausdruck oder Zeichenfolgeausdruck verwenden. Der Wert des verwendeten Ausdruckes wird am Bildschirm in der spezifizierten Maske angezeigt.
;	Wie beim einfachen PRINT-Befehl unterdrückt das Semikolon den Zeilenvorschub.

Eine Maske im PRINT USING-Befehl ist immer durch Anführungszeichen (") begrenzt. Innerhalb dieser Anführungszeichen haben Sie folgende Möglichkeiten, das Ausgabeformat festzulegen:

Symbole für einen numerischen Ausdruck

#	Position einer Ziffer. Ist der auszugebende Wert länger als die Anzahl der Nummernzeichen, so wird die Zahl rechtsbündig justiert und mit Leerzeichen aufgefüllt.
.	Position des Dezimalpunktes.
,	Wird links vom Dezimalpunkt plaziert und bewirkt die Ausgabe eines Kommas nach jeder dritten Ziffer.
+	Position des Vorzeichens. Gibt bei positiven Werten "+" und sonst "-" aus.
-	Position des Vorzeichens
**	Führende Leerzeichen werden durch Sternchen ersetzt.
$$	Führende Leerzeichen werden durch Dollarzeichen ersetzt.

Symbole für einen Zeichenfolgeausdruck

&	Anzeige des gesamten Zeichenfolgeausdruckes.
!	Nur das erste Zeichen des Zeichenfolgeausdruckes wird angezeigt.
\ \	Zeigt einen Zeichenfolgeausdruck in einer bestimmten Länge an. Die Anzahl der auszugebenden Zeichen wird durch die Anzahl der Leerzeichen zwischen den begrenzenden Backslashes bestimmt; dabei müssen die beiden Backslashes mitgezählt werden.

Sonstige Zeichen innerhalb einer Ausgabemaske

Text	Es besteht die Möglichkeit, in einer Ausgabemaske Text einzufügen.
_	Nachfolgende Formatierungszeichen werden mitausgedruckt.

Beispiel 1:

Dieses Beispiel demonstriert den prinzipiellen Unterschied zwischen PRINT und **PRINT USING**.

```
'Beispiele zur Ausgabe von Daten mittels PRINT USING
CLS
PRINT "Zuerst einige numerische Masken"
PRINT
PRINT "Ausgaben mit Maske"
PRINT USING "#####"; 112
PRINT USING "#####"; 10
PRINT USING "#####"; 1123
PRINT "Ausgaben ohne Maske"  'zum Vergleich
PRINT 34
PRINT 123
PRINT 1123
PRINT
PRINT "Ausgaben mit Maske"
PRINT USING "###.##"; 34
PRINT USING "###.##"; 45.2
PRINT USING "###.##"; 123.23
PRINT "Ausgaben ohne Maske"
PRINT 23    'zum Vergleich
PRINT 345.34
```

Beispiel 2:

Die verschiedenen Möglichkeiten der Maskenerstellung sollen in diesem Beispiel verdeutlicht werden:

```
Die verschiedenen Möglichkeiten der Maskenerstellung sollen
in diesem Beispiel verdeutlicht werden:'Darstellungen mit
PRINT USING
CLS
PRINT USING "#####"; 112 'Ganzzahlausgabe
PRINT USING "###.##"; 23.237 'Anzeige von Dezimalstellen 'Es
wird kaufmännisch gerundet !
'Verschiedene Stellungen des Vorzeichens
PRINT USING "+##"; 10
PRINT USING "##+"; 11     'Vorzeichen wird immer angezeigt
PRINT USING "##-"; -11
PRINT USING "-##"; -23
PRINT USING "-##"; 23     'keine Anzeige bei größer Null
'Zahlenaufbereitung
PRINT USING "#####,.##"; 1234.34 'Formatierung in zz,zzz.zz
PRINT USING "#####,"; 1234.56      'Achtung Rundung !!
PRINT USING "**###.##-"; -3456.23 'Führende Sterne
'Textaufbereitung
PRINT USING "&"; "Heute lernen wir BASIC"
PRINT USING "!"; "Heute lernen wir BASIC"
PRINT USING "\ \"; "Heute lernen wir BASIC"
'Sonstige Möglichkeiten"
PRINT USING "Ergebnis ####.##"; 345.23
PRINT USING "Ergebnis _#_+_+_+ ###.## _-_-_$"; -34.23
```

Hinweis: Ähnlich wie der Befehl LPRINT gibt auch LPRINT USING die Daten auf einem Drucker aus.

Cursorpositionierung

Meistens wird der Befehl LOCATE dazu benutzt, den Cursor an eine beliebige Bildschirmposition zu bewegen. Das ist sehr hilfreich, um beispielsweise komplexe Bildschirmmasken aufzubauen.

LOCATE [Zeile] [, [Spalte] [,[Cursor] [,Start [,Stop]]]]

Zeile	Bildschirmzeile, an die sich der Cursor bewegen soll (1 - 25).
Spalte	Bildschirmspalte, an die sich der Cursor bewegen soll (1 - 80).
Cursor	Hier können Sie angeben, ob der Cursor bei Ausgaben ein- oder ausgeschaltet sein soll.
	Bei INPUT-Anweisungen ist der Cursor immer eingeschaltet.
	0 = ausgeschaltet (Standard)
	1 = eingeschaltet
Start, Stop	Zahlen zwischen 1 und 31, mit denen Sie die Höhe des Cursors festlegen können.

Obwohl der Befehl in der Syntaxdarstellung ziemlich kompliziert aussieht, ist er im täglichen Gebrauch recht einfach zu verwenden, da die meisten Parameter optional sind.

Beispiel 1:

Nach dem Bildschirmlöschen soll die erste Ausgabe in Ihrem Programm auf Zeile 10 erfolgen:

```
'Ausgabe auf Zeile 10 nach CLS
CLS
LOCATE 10
PRINT "Diese Ausgabe erscheint auf Zeile 10 am Bildschirm"
'Ende des Programms
```

Beispiel 2:

Dieses Beispiel demonstriert den Gebrauch von LOCATE zum Aufbau von Bildschirmmasken.

```
'Aufbau einer Bildschirmmaske für die Werte hoehe, tiefe,
breite
DIM hoehe!, tiefe!, breite!
CLS
LOCATE 10,5 'Erste Ausgabe in Zeile 10, Spalte 5
PRINT "Höhe :"
LOCATE 11,5
PRINT "Tiefe    :"
LOCATE 12,5
PRINT "Breite   :"
LOCATE 10,15
INPUT "", hoehe
LOCATE 11,15
INPUT "", tiefe
LOCATE 12,15
INPUT "", breite
'Ende des Programms
```

Ausgabe von Leerzeichen

Mit der SPC-Funktion können Sie in Verbindung mit dem PRINT-Befehl Leerzeichen am Bildschirm ausgeben. Dies kann beispielsweise notwending sein, um einzelne Bildschirmausgaben zu überschreiben.

SPC(Anzahl)

      Anzahl   Numerischer Ausdruck vom Datentyp INTEGER im Wertebereich von 0 bis 32.767.

Beispiel:

```
CLS
PRINT "Text 1"; SPC(10); "Text 2"
```

Tabulatorfunktion

Ähnlich wie die Funktion SPC wird auch die TAB-Funktion zusammen mit einer PRINT-Anweisung verwendet. Wie bei einer Schreibmaschine wird der dem TAB folgende Ausdruck an einer bestimmten Position innerhalb der aktuellen Zeile ausgegeben.

TAB(Spalte)

     Spalte   Spaltennummer (INTEGER) der neuen Ausgabeposition innerhalb der aktuellen Zeile.

Beispiel:

```
CLS
PRINT "Ausgabe einer Tabelle"
PRINT
PRINT "Nr."; TAB(10); "Name"; TAB(40); "Gehalt"
PRINT
PRINT "1"; TAB(10); "Mustermann"; TAB(40); "2345.00"
PRINT "2"; TAB(10); "Wielmann"; TAB(40); "3456.23"
```

Die Ausgabe der laufenden Nummer beginnt jeweils in Spalte 1. Der Name wird ab Spalte 10 ausgebenen und zum Schluß wird das Gehalt ab Spalte 40 angezeigt.

Hinweis: TAB ist vorzüglich geeignet, um beispielsweise mit LPRINT übersichtliche Listen zu erzeugen.

Aufgabe 15:   Erstellen Sie ein Programm, das folgende Arbeitsschritte durchführt:

       ☐ Bildschirmlöschen

       ☐ Eingabe einer Anschrift bestehend aus Name, Straße, Plz und Ort verbunden mit der Ausgabe geeigneter Überschriften und Eingabehinweisen.

       ☐ Bildschirmlöschen

       ☐ Eingabe von drei Rechnungspositionen bestehend aus Artikel, Anzahl und Preis.

☐ Bildschirmlöschen

☐ Erzeugung eines Ausgabebildschirms mit folgenden Daten (Zx Sy : Zeile x, Spalte y):

Z2 S5:	"Rechnungsblatt"
Z4 S5:	Name
Z5 S5:	Straße
Z6 S5:	PLZ, Leerzeichen, Ort
Z8 S5:	"Artikel"
Z8 S45	"Anz" rechtsbündig abschließend mit den Werten
Z8 S50:	"Preis" rechtsbündig abschließend mit den Werten
Z8 S65:	"Gesamt" rechtsbündig abschließend mit den Werten
Z9 S5:	Artikel
Z9 S45:	Anzahl
Z9 S50:	Preis
Z9 S65:	Gesamt
Z10:	entsprechend Z9 für den zweiten Artikel
Z11:	entsprechend Z9 für den dritten Artikel
Z15 S30:	"Summe:"
Z15 S50:	Summe der Einzelpreise
Z15 S65:	Summe der Gesamtpreise
Z16 S30:	"MWST 14%"
Z16 S65:	Berechnung der Mehrwertsteuer (14%)
Z17 S30:	"Rechnungsbetrag:"
Z17 S65:	Ausgabe des Rechnungsbetrages

Einzel- und Gesamtpreise sollen mit zwei Nachkommastellen und einer Gesamtlänge von zehn Zeichen (inclu-
sive einem Tausendertrennzeichen) dargestellt werden.

Das Datenfeld "Anzahl" hat eine Länge von drei Stellen
und wird ohne Nachkommastellen dargestellt.

```
Rechnungsblatt

Mustermann Theodor
Uhlkestr. 124
5678 Woistdenndas

Artikel                         Anz      Preis       Gesamt
Türprofil 34A                   235      56.23    13,214.85
Seitenblech 23                   12     124.23     1,490.76
Türprofil 34A                    11      23.21       255.31



                    Summe:             203.67    14,960.12
                    MWST  14%                      2,094.42
                    Rechnungsbetrag:             17,054.54




Eine beliebige Taste drücken, um fortzusetzen
```

Kontrollstrukturen

Ihre bisherigen Programme hatten immer die Eigenart, vom Interpreter sequentiell, d. h. Befehl für Befehl vom Programmanfang bis zum Programmende, abgearbeitet zu werden. Dabei war es Ihnen bisher nicht möglich, die Ablauffolge der Befehle zu beeinflußen, beispielsweise die Reihenfolge der Befehle von bestimmten Rahmenbedingungen abhängig zu machen oder bestimmte Programmschritte zu wiederholen.

In diesem Kapitel lernen Sie nun Befehle kennen, die es Ihnen ermöglichen, den Ablauf des Programms zu kontrollieren. Aus diesem Grund wird die Gruppe dieser Befehle häufig unter dem Begriff "Kontrollstrukturen" zusammengefaßt.

Die Sprunganweisung

Der GOTO Befehl ermöglicht Ihnen, die Verarbeitungsreihenfolge der Programmschritte zu verändern und sollte in einem Programm nach Möglichkeit nicht mehr verwendet werden, da er die Lesbarkeit bzw. Nachvollziehbarkeit eines Programmes unter Umständen verringern kann. In älteren BASIC-Versionen gab es oft keine Möglichkeit, auf den GOTO-Befehl zu verzichten, da wichtige Sprachelemente zur Bildung von Kontrollstrukturen fehlten.

Ein GOTO-Befehl kann in QBASIC folgendermaßen verwendet werden:

GOTO Sprungmarke

> **Sprungmarke**   Im Programm definierte Sprungmarke.
>
> Eine Sprungmarke wird im Programm durch einen beliebigen Namen und einen anschließenden Doppelpunkt definiert. Dabei dürfen Sie keine Schlüsselwörter als Sprungmarken verwenden.

Beispiel 1

Das nachfolgende Programm übergeht durch den Befehl "GOTO weiter" die nachfolgende PRINT-Anweisung. Dadurch erhalten Sie auf dem Bildschirm nur die Anzeige "Hallo Effekt".

```
'Der GOTO-Befehl
CLS
PRINT "Hallo ";
GOTO weiter
PRINT "hier spricht der GOTO-";
weiter: 'Sprungmarke
PRINT "Effekt"
'Ende des Programms
```

Wenn Sie in einem GOTO-Befehl eine Sprungmarke verwenden, die nicht im Programm definiert ist, erhalten Sie beim Programmstart einen entsprechenden Fehlerhinweis. Ferner erhalten Sie einen Fehlerhinweis, wenn Sie eine Marke im Programm doppelt definieren.

Beispiel 2

Das nächste Beispiel stellt ein Endlosprogramm dar, da durch das GOTO immer wieder zum Programmanfang verzweigt wird.

```
'ENDLOSPROGRAMM (mit «Strg» + «Pause» abbrechen)
anfang:
PRINT 234.23
GOTO anfang
'Programmende, welches nie erreicht wird
```

Beispiel 3

Das letzte Beispiel soll Ihnen verdeutlichen, welche (schlechten) Konstruktionsmöglichkeiten Ihnen durch GOTO eröffnet werden.

```
'Schnick-Schnack oder: Was man besser nicht tun sollte
anfang:
GOTO schritt1
schritt4:
PRINT "übersichtliches ";
GOTO schritt5
schritt6:
GOTO ende
schritt1:
CLS
GOTO schritt2
schritt3:
PRINT "ein einfaches und ";
GOTO schritt4
schritt2:
PRINT "Dies ist ";
GOTO schritt3
schritt5:
PRINT "Programm ! --- Oder ????";
GOTO schritt6
PRINT "hier spricht der Goto-";
ende:
PRINT "Uff -- geschafft"
'Ende des Programms
```

Bedingungen

Bevor Sie im weiteren Verlauf des Kapitels Befehle kennenlernen, mit denen Sie den Programmablauf in Abhängigkeit von irgendwelchen Rahmenbedingungen beeinflussen können, ist es notwendig, die Konstruktion solcher Bedingungen näher zu erläutern.

Stellen Sie sich vor, daß Sie in einem Supermarkt vor einem Regal mit zwei verschiedenen Sorten Butter stehen. Sie haben nun die Möglichkeit, die Preise der verschiedenen Buttersorten miteinander zu vergleichen. Bezeichnet man den Preis der Buttersorte 1 mit Preis1 und entsprechend mit Preis2 den Preis der Buttersorte 2, so ergeben sich folgende Konstellationen:

☐   Preis1 ist größer als Preis2.

☐   Preis1 ist kleiner als Preis2.

☐   Preis1 ist gleich Preis2.

☐   Preis1 ist ungleich Preis2.

Ein derartiger Vergleich zwischen zwei Größen wird in einer Programmiersprache häufig als (logische) Bedingung bezeichnet.

Würden Sie nun in diesem Beispiel konkrete Preise für die verschiedenen Buttersorten einsetzen, so wären Sie in der Lage, die Aussagen auf Gültigkeit zu überprüfen. Das Ergebnis einer solchen Prüfung kann dabei immer nur zwei Werte annehmen, nämlich entweder "Richtig", wenn die Aussage korrekt ist, oder "Falsch", sofern die Aussage falsch ist.

Man sagt auch: Der Wahrheitswert einer solchen Bedingung ist entweder wahr (w) oder falsch (f).

Die Konstruktion solcher Vergleiche (Bedingungen) ist in QBASIC denkbar einfach. Als Vergleichswerte (Vergleichsoperanden) können Sie Texte, Zahlen, Konstanten, Variablen, numerische oder Zeichenfolgeausdrücke verwenden. Die Art des Vergleiches (Vergleichsoperator) können Sie mit folgenden Operatoren festlegen:

Operator	Bedeutung
>	größer
<	kleiner
>=	größer bzw. gleich
<=	kleiner bzw. gleich
=	gleich
<>	ungleich

Schematisch ist eine Bedingung also durch folgende Syntax festgelegt:

Ausdruck1 Vergleichsoperator Ausdruck2

Ausdruck1	Numerischer- oder Zeichenfolgeausdruck. Die beiden
Ausdruck2	den Ausdrücke müssen allerdings vom gleichen Typ sein.

Aufgabe 16: Analysieren Sie den folgenden Programmausschnitt und entscheiden Sie anschließend, ob die aufgeführten Bedingungen wahr oder falsch sind.

```
CONST zahl1%=5, zahl2%=6, zahl3%=-4
DIM var1%, var2%, var3%
var1% = 0
var2% = zahl2% + 10
var3% = -7
```

Bedingungen:

1) var1% = var2%

2) 5 + 6 var2%

3) zahl1% = -1 * var3% - 2

4) var1% var2%

5) zahl3% var3%

Etwas komplizierter ist die Bewertung von Bedingungen, in denen Zeichenfolgeausdrücke miteinander verglichen werden.

Beispiele:

```
"Otto" < "Berta"
A$ = "J"
"Otto ist" = "Otto"+" "+"ist"
```

Betrachten wir zunächst die Operatoren gleich (=) und ungleich (<>). Zwei Zeichenfolgeausdrücke sind nur dann gleich, wenn Sie Zeichen für Zeichen identisch sind (dies impliziert, daß die beiden Ausdrücke auch gleich lang sind), ansonsten sind die Ausdrücke ungleich.

Aufgabe 17: Legen Sie für die folgenden Bedingungen den Wahrheitswert fest, d. h. entscheiden Sie, ob die Zeichenfolgeausdrücke gleich bzw. ungleich sind:

1) "Otto ist" = "Otto"+" "+"ist"

2) "A" <> "B"

3) "Hiermit ist gezeigt" = "Hiermit ist gezeigt "

4) "Hiermit ist gezeigt" <> "Hiermit ist gezeigt"

Um nun zwischen zwei Zeichenfolgen eine Größenrelation (kleiner bzw. größer) festzulegen, müssen Sie zeichenweise vorgehen. Dabei gilt die Größenordnung:

"0" < ... < "9" < "A" < ... < "Z" < "a" < ... < "z" .

Eine Zeichenfolge1 ist also größer (kleiner) als eine Zeichenfolge2, wenn das erste voneinander abweichende Zeichen in der Zeichenfolge1 größer (kleiner) ist als in der Zeichenfolge2.

Beispiele:

```
"0" < "A"
"Hiermit ist gezeigt" > "Hiermit ist ge-
zEigt"
"a" < "a "
```

Entscheidungen im Programm

Mit diesem Befehl können Sie die Ausführung beliebiger QBASIC-Befehle von einer Bedingung abhängig machen. Zunächst die Syntax des Befehls:

IF Bedingung THEN

> **[Anweisung 1-1]**
> .
> .
> .
> **[Anweisung 1-n]**
> **[ELSE]**
> **[Anweisung 2-1]**
> .
> .
> .
> **[Anweisung 2-n]]**

END IF

Wie Sie dem Syntaxdiagramm entnehmen können, besteht eine IF-Anweisung aus einem THEN-Zweig mit den Anweisungen 1-1 bis 1-n, sowie aus einem ELSE-Zweig mit den Anweisungen 2-1 bis 2-n. Das Schlüsselwort END IF schließt eine IF-Anweisung ab.

Ist bei einer IF-Anweisung die Bedingung erfüllt, so wird von QBASIC der THEN-Zweig ausgeführt, d. h. die Anweisungen 1-1 bis 1-n werden der Reihe nach abgearbeitet. Ansonsten wird der ELSE-Zweig mit den Anweisungen 2-1 bis 2-n verarbeitet.

Nachdem einer der IF-Zweige verarbeitet wurde, fährt QBASIC mit dem nächsten Befehl hinter END IF fort, sofern Sie den Programmfluß nicht mit einem GOTO-Befehl umgelenkt haben.

Ist kein ELSE-Zweig vorhanden und die Bedingung nicht erfüllt, dann wird das Programm immer hinter END IF fortgesetzt.

Beispiel 1:

```
'Beispiel mit einer IF-Anweisung
DIM a!
CLS
INPUT "A eingeben"; a!
IF a! = 1 THEN
    PRINT "A ist gleich 1"
END IF
PRINT "Ende der If-Anweisung"
'Ende des Programms
```

Nur, wenn Sie bei der Eingabeaufforderung eine "1" eingeben, wird die Bedingung "A = 1" erfüllt und der THEN-Zweig wird ausgeführt.

Beispiel 2:

In diesem Beispiel wird das Programm so erweitert, daß der Text "A ist ungleich 1" ausgegeben wird, wenn die Bedingung nicht erfüllt ist.

```
'Beispiel mit einer IF-Anweisung
DIM a!
CLS
INPUT "A eingeben"; a!
IF a! = 1 THEN
    PRINT "A ist gleich 1"
ELSE
    PRINT "A ist ungleich 1"
END IF
PRINT "Ende der If-Anweisung"
'Ende des Programms
```

Beispiel 3:

```
'Beispiel mit einer IF-Anweisung
DIM a!
CLS
INPUT "A eingeben"; a!
IF a! = 1 THEN
ELSE
    PRINT "A ist ungleich 1"
END IF
PRINT "Ende der If-Anweisung"
'Ende des Programms
```

In dieser Variante enthält der THEN-Zweig keine Anweisungen. Im Gegensatz zum ELSE müssen Sie das Wörtchen THEN aber immer verwenden.

Beispiel 4:

In diesem Beispiel ist innerhalb der IF-Zweige nochmals eine IF-Anweisung eingebaut. Sie können solche Schachtelungen nahezu beliebig fortsetzen.

```
'Geschachtelte IF-Anweisungen
DIM a!, b!, c!
CLS
INPUT "A eingeben"; a!
INPUT "B eingeben"; b!
INPUT "C eingeben"; c!
IF a! 10 THEN
    PRINT "A ist kleiner als 10"

    IF b! > 20 THEN
        PRINT "B ist größer als 20"
    ELSE
        PRINT "B ist nicht größer als 20"
    END IF

    PRINT "Ende der IF b.. Anweisung"
ELSE
    PRINT "A ist größer oder gleich 10"

    IF c! = 5 THEN
        PRINT "C ist gleich 5"
    ELSE
        PRINT "C ist ungleich 5"
    END IF

    PRINT "Ende der IF c.. Anweisung"
END IF
PRINT "Ende der IF a.. Anweisung"
'Ende des Programms
```

Aus Gründen der besseren Übersichtlichkeit sollten Sie bei der Verwendung des IF-Befehls (und der anderen Kontrollstrukturen) die abhängigen Anweisungen ein wenig einrücken. Hierdurch erhalten Sie die Möglichkeit, auf einem Blick zu erkennen, welches ENDIF bzw. ELSE zu welcher IF-Anweisung gehören. Dieser Aspekt wird deutlich, wenn Sie das nachfolgende Programm betrachten. Es handelt sich hierbei nochmals um das Beispiel 4, allerdings diesmal ohne Einrückungen.

```
'Geschachtelte IF-Anweisungen, A B E R:
'So sollte man es nicht machen
DIM a!, b!, c!
CLS
INPUT "A eingeben"; a!
INPUT "B eingeben"; b!
INPUT "C eingeben"; c!
IF a  10 THEN
PRINT "A ist kleiner als 10"
IF b > 20 THEN
PRINT "B ist größer als 20"
ELSE
PRINT "B ist nicht größer als 20"
END IF
PRINT "Ende der IF b.. Anweisung"
ELSE
PRINT "A ist größer oder gleich 10"
IF c = 5 THEN
PRINT "C ist gleich 5"
ELSE
PRINT "C ist ungleich 5"
END IF
PRINT "Ende der IF c.. Anweisung"
END IF
PRINT "Ende der IF a.. Anweisung"
'Ende des Programms
```

Beispiel 5:

Eine in früheren BASIC-Versionen häufig notwendige Konstruktion war die
"bedingte Sprunganweisung", d. h. eine Kombination von IF und GOTO.

```
'Ein wenig Programmgeschichtliches
DIM hoehe!
cls
hoehe:
INPUT "Bitte positive Höhe eingeben"; hoehe!
IF hoehe! <= 0 THEN
    GOTO hoehe
END IF
'Ende des Programms
```

Wie Sie an diesem Beispiel sehen können, läßt sich eine Eingabeprüfung recht einfach mit einer bedingten Sprunganweisung realisieren. Sie werden aber in den nächsten Abschnitten Möglichkeiten kennenlernen, Eingabeprüfungen ohne IF und GOTO durchzuführen.

Die WHILE-Schleife

Die Anweisung WHILE..WEND bewirkt, daß eine Reihe von Anweisungen immer wieder ausgeführt wird, bis eine bestimmte Bedingung nicht mehr erfüllt ist. Solche Strukturen, in denen Befehle wiederholt ausgeführt werden, heißen allgemein Schleifen.

WHILE Bedingung

    [Anweisung 1]
    .
    .
    .
    [Anweisung n]
WEND

Solange die hinter WHILE formulierte Bedingung erfüllt ist, werden die Anweisungen 1 bis n der Reihe nach durchgeführt. Das Schlüsselwort WEND schließt die Konstruktion ähnlich dem Befehl END IF ab. Ist die WHILE-Bedingung nach (mehrmaligem) Durchlaufen der Schleife nicht mehr erfüllt, so fährt QBASIC mit dem nächstfolgenden Befehl nach WEND fort.

Hinweis: Wenn die Bedingung einer WHILE-Schleife von vornherein nicht erfüllt ist, fährt das Programm sofort hinter WEND fort, d. h. in diesem Falle wird eine WHILE..WEND Schleife nicht einmal durchlaufen.

Beispiel 1:

Wenn Sie WHILE..WEND verwenden, müssen Sie darauf achten, daß Sie innerhalb der Schleife die Schleifenbedingung beeinflussen. Das folgende Beispiel zeigt, was passiert, wenn Sie darauf nicht achten.

```
'WHILE-Konstruktion mit Tücken
DIM i%
i%=1
WHILE i%=1
    PRINT "Dies ist Anweisung 1 in einer While-Schleife"
    PRINT "Dies ist Anweisung 2 in einer While-Schleife"
WEND
'Ende des Programms
```

Beispiel 2:

```
'Eingabeprüfung mit WHILE
DIM zahl!
CLS
WHILE zahl < 0
    INPUT "Positive Zahl eingeben ", zahl!
WEND
PRINT "Danke !"
'Ende des Programms
```

Wenn Sie das Programm starten, werden Sie feststellen, daß Sie keine Möglichkeit haben, eine Zahl einzugeben. Die konstruierte Schleife wird also kein einziges mal durchlaufen. Dies liegt daran, daß in der Variable "zahl!" der Standard für numerische Werte, nämlich die Zahl Null, gespeichert ist und somit die Schleifenbedingung von vornherein nicht erfüllt ist.

Hinweis: Immer wenn Sie WHILE..WEND Schleifen verwenden wollen, müssen Sie dafür sorgen, daß in den Variablen, die am Wahrheitswert der Schleifenbedingung beteiligt sind, beim Erreichen des Schlüsselwortes WHILE einen brauchbaren Wert gespeichert ist.

Fügen Sie in dem obigen Beispiel vor der WHILE-Zeile folgende Befehlszeile ein:

```
zahl! = -1        'While-Bedingung setzen
```

Anschließend funktioniert das Programm wie gewünscht.

Aufgabe 18:   Betrachten Sie folgendes Programm:

```
'Programm Eingabenprüfungen
DIM hoehe!, breite!, tiefe!
CLS
INPUT "Bitte Höhe   ( > 1000) eingeben ", hoehe!
INPUT "Bitte Breite ( < 66  ) eingeben ", breite!
INPUT "Bitte Tiefe  (>= 123) eingeben ", tiefe!
'Ende des Programms
```

Aus irgendwelchen Gründen dürfen für die Variablen nur bestimmte Werte eingegeben werden:

Wertebereich für die Höhe: > 1000

Wertebereich für die Breite: < 66

Wertebereich für die Tiefe: >= 123

Erweitern Sie das Programm um die notwendige Eingabeprüfung, indem Sie

a)   die notwendigen Prüfungen mittels IF und GOTO vornehmen

b)   die Prüfungen mit WHILE..WEND durchführen.

Die DO-Schleife

Die Kontrollstruktur DO..LOOP ist der WHILE..WEND Konstruktion sehr
ähnlich. Auch hier wird eine Reihe von Anweisungen in Abhängigkeit von
einer Bedingung wiederholt. Die Syntax von DO..LOOP lautet:

Variante 1:

DO
        [Anweisung 1]
        .
        .
        .
        [Anweisung n]
        [EXIT DO]
LOOP [{WHILE | UNTIL} Bedingung]

Variante 2:

DO [{WHILE | UNTIL} Bedingung]
        [Anweisung 1]
        .
        .
        .
        [Anweisung n]
        [EXIT DO]
LOOP

{WHILE | UNTIL} Mit WHILE bzw. UNTIL legen Sie die Art der
Bedingungsprüfung fest. Bei der Verwendung von
WHILE wird die Schleife durchlaufen, solange die
Bedingung erfüllt ist. Im Gegensatz dazu wird mit
UNTIL die Schleife nur solange durchlaufen, bis
die Bedingung erfüllt ist.

EXIT DO Mit dem Befehl EXIT DO können Sie eine
DO..LOOP Schleife vorzeitig abbrechen. Das Pro-
gramm fährt mit dem nächsten Befehl hinter
LOOP fort.

Bei der Variante 1 wird die Schleife mindestens einmal durchlaufen, da die zugehörige Bedingungsprüfung hinter LOOP stattfindet. Im Gegensatz hierzu wird bei der Variante 2 die Schleife überhaupt nicht durchlaufen, wenn die zugehörige Bedingung von vornherein nicht erfüllt ist. Diese Variante hat die größte Ähnlichkeit zur WHILE..WEND Schleife. Wie Sie an den eckigen Klammern bei der Schleifenbedingung sehen können, ist es auch möglich, DO..LOOP ohne eine Bedingung zu verwenden. In diesem Falle müssen Sie die Schleife mit dem Befehl EXIT DO verlassen oder Sie erhalten eine Endlosschleife.

Beispiel 1:

```
'Eingabeprüfung mit DO..LOOP
DIM zahl!
CLS
DO
    INPUT "Positive Zahl eingeben ", zahl!
LOOP UNTIL zahl! > 0
PRINT "Danke !"
'Ende des Programms
```

Vergleichen Sie dieses Beispiel mit dem Beispiel 2 der WHILE..WEND Schleife. Sie sehen, daß es mit DO..LOOP einfacher möglich ist, Eingabeprüfungen vorzunehmen, als mit WHILE..WEND.

Beispiel 2:

In diesem Beispiel wird eine korrekte Eingabe durch einen IF-Befehl überprüft, und bei Erfolg wird die Schleife durch EXIT DO verlassen.

```
'Eingabeprüfung mit DO..LOOP
DIM zahl!
CLS
DO
    INPUT "Positive Zahl eingeben ", zahl!
    IF zahl! > 0 THEN
        EXIT DO
    END IF
LOOP
PRINT "Danke !"
'Ende des Programms
```

Aufgabe 19:   Erstellen Sie die noch fehlenden Varianten der DO..LOOP Schleife für dieses Beispiel:

a) DO WHILE...

b) DO UNTIL...

c) DO ... LOOP WHILE

Zählschleifen

FOR..NEXT bietet Ihnen eine elegante Möglichkeit, Schleifen zu programmieren, die in Abhängigkeit von einem Zähler durchlaufen werden müssen.

FOR Zähler = Anfangswert TO Endwert [STEP Änderungswert]
[Anweisung 1]
.
.
.
[Anweisung n]
[EXIT FOR]
NEXT Zähler

Zähler	Numerische Variable, die beim Schleifendurchlauf verändert wird.
Anfangswert	Numerischer Ausdruck, der den Anfangswert für den Zähler festlegt.
Endwert	Numerischer Ausdruck, der den Endwert für den Zähler festlegt.
Änderungswert	Numerischer Ausdruck, der angibt, wie die Zählvariable bei jedem Schleifendurchlaufverändert werden soll. Wird diese Option weggelassen, so übernimmt QBASIC denStandardwert +1.
EXIT FOR	Bricht die Schleife ab. Das Programm fährt hinter NEXT fort.

Die Anweisungen zwischen FOR und NEXT werden so oft durchlaufen, bis der Anfangswert größer als der Endwert ist. Dabei wird nach jedem Schleifendurchlauf der Änderungswert zum Anfangswert addiert. Bei positivem Änderungswert bedeutet dies, daß eine FOR..NEXT Schleife überhaupt nicht durchlaufen wird, wenn der Anfangswert größer als der Endwert ist. Ist der Änderungswert hingegen negativ, so wird die Schleife nicht durchlaufen, wenn der Anfangswert kleiner als der Endwert ist. Ansonsten ergibt sich die Anzahl der Schleifendurchläufe als nächstgrößere ganze Zahl der Berechnung von "(Endwert - Anfangswert + 1) / Änderungswert" bei positiven Änderungswerten bzw. als "(Endwert - Anfangswert - 1) / Änderungswert" bei negativen Änderungswerten.

Aufgabe 20: Bestimmen Sie die Anzahl der Schleifendurchläufe für folgende Konstruktionen:

a) FOR i% = 1 TO 123 STEP 2

b) FOR i% = 19 TO 18

c) FOR i% = 0 TO -23 STEP -1

d) FOR i% = 23 to -44 STEP -3

Beispiel 1:

Am einfachsten kann die Verwendung von FOR..NEXT mit Hilfe eines Zählprogramms verdeutlicht werden.

```
'Zählprogramm von 1..100
DIM i% , j%
CLS
FOR i% = 5 TO 104
    PRINT i%
    j% = j% +1
NEXT i%
PRINT
PRINT "Schleifendurchläufe : "; j%
'Ende des Programms
```

Nach dem Start des Programms erhalten Sie als erste Bildschirmausgabe die Zahl 5, die letzte Bildschirmausgabe ist die Zahl 104. Insgesamt wird die Schleife 100 Mal (104 - 5 + 1) durchlaufen. Ändern Sie die FOR-Zeile in

"FOR i% = 6 to 5" ab und starten Sie das Programm anschließend erneut. Wie Sie an der Ausgabe der Schleifendurchläufe erkennen können, wird die FOR..NEXT Schleife überhaupt nicht durchlaufen.

Beispiel 2:

Selbstverständlich können Sie anstelle von Zahlen auch andere numerische Elemente (Variablen, Konstanten, Ausdrücke) innerhalb einer FOR-Zeile benutzen.

```
'Zählprogramm nach Ihren Vorgaben
DIM i%, anfang%, ende%, schritt%, j%
CLS
INPUT "Anfangswert eingeben   ", anfang%
INPUT "Endwert eingeben       ", ende%
INPUT "Schrittweite eingeben ", schritt%
'Hier folgt eine Eingabeprüfung für die Variable schritt%
'Würde schritt%=0 aktzeptiert, so erhält man in diesem
'Fall eine Endlosschleife, da der Anfangswert niemals den
'Endwert erreichen kann
IF schritt% = 0 THEN
   schritt% = 1
END IF
FOR i% = anfang% TO ende% STEP schritt%
   PRINT i%
   j% = j% + 1
NEXT i%
PRINT
PRINT "Schleifendurchläufe "; j%
'Ende des Programms
```

Beispiel 3:

Ähnlich wie die DO..LOOP Schleife kann auch FOR..NEXT durch das Schlüsselwort EXIT FOR vorzeitig beendet werden.

```
'Beispiel EXIT FOR
DIM i%, j%
FOR i% = 1 to 10000
    PRINT "Dies ist Ihr ";i%;" ter Versuch 9 einzugeben ";
    INPUT "",j%
    IF j% = 9 THEN
        EXIT FOR
    END IF
NEXT i%
'Ende des Programms
```

Beispiel 4:

Genau wie bei den anderen Kontrollstrukturen können Sie auch FOR..NEXT Schleifen ineinander schachteln.

```
'Programm Schachteln mit FOR
DIM i%, j%, k%
CLS
FOR i% = 1 TO 30
    FOR k% = 30 TO 1 STEP -1
        PRINT i%; "  "; k%
        j% = j% + 1
    NEXT k%
NEXT i%
PRINT
PRINT "Schleifendurchläufe "; j%
'Ende des Programms
```

Aufgabe 21: Betrachten Sie das nachfolgende Zählprogramm:

```
'Zähle von 246 nach 99 in der Schrittweite - 2
DIM i% , j%
CLS
FOR i% = 246 TO 99 STEP -2
    PRINT i%
    j% = j% + 1 'Zähler der Schleifendurchläufe
NEXT i%
PRINT
PRINT "Schleifendurchläufe: ";j%
```

Ersetzen Sie die FOR..NEXT Schleife durch

a) WHILE..WEND

b) LO..LOOP

c) IF..THEN

ohne die eigentliche Programmlogik zu verändern. Achten Sie vor allem auf die erste bzw. letzte Ausgabe in der Schleife, sowie auf die Anzahl der Schleifendurchläufe.

Komplexe Entscheidungen

Die SELECT..CASE-Anweisung dient zur Ausführung von Anweisungen in Abhängigkeit von verschiedenen Werten einer Variablen. Beginnen wir zunächst wieder mit der Darstellung der Syntax:

SELECT CASE Variable
> **CASE Vergleich-1**
>> **[Anweisung 1-1 ...]**
>
> **[CASE Vergleich-2**
>> **[Anweisung 2-1 ...]]...**
>
> **[CASE ELSE**
>> **[Anweisung ...]]**

END SELECT

Zunächst wird der aktuelle Variableninhalt mit dem Vergleich-1 auf Übereinstimmung überprüft. Sofern diese vorliegt, werden die Anweisungen 1-1 bis 1-n (sofern vorhanden) ausgeführt und das Programm fährt hinter END SELECT fort. Liegt beim Vergleich-1 keine Übereinstimmung vor, so wird der nächste CASE-Vergleich überprüft. Je nachdem, in welchem CASE-Zweig der Vergleich paßt, werden die entsprechenden Anweisungen ausgeführt. Kommt es bei keinem Vergleich zu einer Übereinstimmung, so werden die Anweisungen nach CASE ELSE ausgeführt.

Hinweis: Eigentlich ist die Verwendung eines CASE ELSE-Zweiges optional. Sie sollten diesen Zweig dennoch immer verwenden, da QBASIC eine Fehlermeldung ausgibt, wenn dieser Zweig nicht vorhanden ist und keine der spezifizierten Vergleiche zutrifft.

Ein CASE-Vergleich besteht im einfachsten Fall nur aus einem Ausdruck (z. B. einer Zahl oder einer Variablen). Es können aber auch Ausdruckslisten (Ausdruck1, Ausdruck2,...) oder ganze Bereiche (Ausdruck1 TO Ausdruck2) verwendet werden. Weiterhin können Sie den Variableninhalt, ähnlich wie bei einer Bedingung, mit Hilfe von Operatoren auswerten. Hierzu müssen Sie nach dem CASE das Schlüsselwort IS, gefolgt von dem gewünschten Vergleichsoperator und einem Vergleichsausdruck, verwenden.

Beispiel 1:

Dieses Beispiel überprüft Ihre eingegebene Zahl auf bestimmte Wertebereiche.

```
'SELECT..CASE
CONST zehn% = 10
DIM zahl%
CLS
INPUT "Zahl eingeben "; zahl%
SELECT CASE zahl%
    CASE 1, 2            'Ausdruckliste
        PRINT "Zahl ist 1 oder 2"
    CASE 3 TO 10 'Ausdruckbereich
        PRINT "Zahl liegt zwischen 3 und 10"
    CASE IS = 11 'Vergleich mit IS und Operator
        PRINT "Zahl ist 11"
    'Selbstverständlich können die Vergleiche auch
    'etwas komplizierter sein
    CASE IS  zehn% + 10
        PRINT "Zahl ist kleiner 20"
    CASE ELSE
        PRINT "Was weiß ich wie groß die Zahl ist"
END SELECT
PRINT "Das war schon alles"
'Ende des Programms
```

Beispiel 2:

Oft ist es nicht unerheblich, in welcher Reihenfolge die CASE-Zweige kodiert werden. Dies soll das nachfolgende Beispiel verdeutlichen.

```
'SELECT..CASE, aber mit Tücken
DIM zahl%
CLS
INPUT "Zahl eingeben "; zahl%
SELECT CASE zahl%
    CASE IS < 10
        PRINT "Zahl ist kleiner als 10"
    CASE IS < 20
        PRINT "Zahl ist kleiner als 20"
    CASE IS < 5
        PRINT "Zahl ist kleiner als 5"
    CASE ELSE
        PRINT "Kann keine Entscheidung treffen"
END SELECT
'Ende des Programms
```

Die Überprüfung der eingegebenen Zahl auf kleiner fünf wird niemals durchgeführt, da eine solche Zahl immer auch kleiner als zehn ist.

Logische Verknüpfungen

Oft besteht in den Programmen die Notwendigkeit, kompliziertere Bedingungen, als die, die Sie bisher kennengelernt haben, zu entwickeln. Betrachten Sie zunächst folgendes Beispielprogramm:

```
'Beispiel für die Entwicklung komplexer Bedingungen
DIM zahl1%, zahl2%
CLS
INPUT "Zahl 1 eingeben ", zahl1%
INPUT "Zahl 2 eingeben ", zahl2%
'Ende des Programms
```

Stellen Sie sich nun vor, daß eine Eingabe nur gültig ist, wenn zahl1% größer Null und gleichzeitig zahl2% kleiner Null ist. Wie Sie jeweils eine dieser beiden Vergleiche überprüfen können, haben Sie schon kennengelernt. Was fehlt, ist die Möglichkeit, die beiden Vergleiche miteinander geeignet zu kombinieren.

Der Logikoperator AND

Mit AND können Sie mehrere Bedingungen konjunktiv (UND) verknüpfen:

Bedingung-1 AND Bedingung-2 [AND Bedingung-3...]

Das Ergebnis dieser Verknüpfung ist nur wahr, wenn alle einzelnen Bedingungen wahr sind:

Bed-1	Bed-2	Bed-1 AND Bed-2
w	w	w
w	f	f
f	w	f
f	f	f

Beispiel:

```
DIM zahl1%, zahl2%
CLS
DO
    INPUT "Zahl 1 > 0 eingeben ", zahl1%
    INPUT "Zahl 2 < 0 eingeben ", zahl2%
    LOOP UNTIL zahl1% > 0 AND zahl2% < 0
    PRINT "Danke für die korrekte Eingabe"
    'Ende des Programms
```

Erst wenn zahl1% größer Null und zahl2% kleiner Null ist, ist die gesamte Bedingung erfüllt, und die LOOP Schleife wird verlassen.

Der Logikoperator OR

Mit OR können Sie mehrere Bedingungen disjunktiv (ODER) miteinander verknüpfen:

Bedingung-1 OR Bedingung-2 [OR Bedingung-3 ...]

Das Ergebnis dieser Verknüpfung ist nur falsch, wenn alle einzelnen Bedingungen falsch sind:

Bed-1	Bed-2	Bed-1 OR Bed-2
w	w	w
w	f	w
f	w	w
f	f	f

Beispiel:

```
DIM zahl1%, zahl2%
CLS
DO
    PRINT "Zahl 1 oder Zahl 2 muß größer Null sein"
    INPUT "Zahl 1  eingeben ", zahl1%
    INPUT "Zahl 2  eingeben ", zahl2%
LOOP UNTIL zahl1% > 0 OR zahl2% > 0
PRINT "Danke für die korrekte Eingabe"
'Ende des Programms
```

In diesem Beispiel verlassen Sie die LOOP Schleife nur dann nicht, wenn Sie für beide Zahlen Werte kleiner oder gleich Null eingeben.

Der Logikoperator NOT

Mit NOT können Sie den Wahrheitswert einer Bedingung vertauschen, d. h. aus "wahr" wird "falsch" und umgekehrt:

Bed-1	NOT Bed-1
w	f
f	w

Beispiel:

```
DIM zahl%
CLS
INPUT "Zahl eingeben",zahl%
IF NOT zahl% > 0 THEN
    PRINT "Zahl ist nicht größer Null"
ELSE
    PRINT "Zahl ist größer Null"
END IF
'Ende des Programms
```

Aufgabe 22: Verändern Sie das Beispiel 1 aus dem Abschnitt SE-LECT..CASE, indem Sie die SELECT..CASE Anweisung durch geeignete IF..THEN Konstruktionen ersetzen.

Zeichenfolgen bearbeiten

Im nachfolgenden Kapitel werden Funktionen behandelt, mit denen Sie Zeichenfolgen bearbeiten können. Eine Funktion besteht in Basic immer aus einem Funktionsnamen und einem Funktionsargument, welches in Klammern hinter dem Funktionsnamen steht. Das Ergebnis eines Funktionsaufrufes ist vom Datentyp STRING oder gehört zur Gruppe der numerischen Datentypen. Somit können Sie Funktionen, genau wie z. B. Variable oder Konstante, als Befehlszusätze und bei der Konstruktion von Ausdrücken oder logischen Bedingungen verwenden. Natürlich muß auch weiterhin das Ergebnis einer Funktion typverträglich mit dem Rest der Anweisung sein, d. h. es ist logischerweise nicht möglich, eine Funktion, die eine Zeichenkette als Ergebnis liefert, in einen numerischen Ausdruck einzubauen.

Länge einer Zeichenkette ermitteln

Die Funktion LEN liefert die Länge, d. h. die Anzahl der Zeichen eines Zeichenfolgeausdruckes.

Beispiel:

```
DIM a$,laenge%
PRINT LEN("Heute ist Montag")
INPUT "Text eingeben ";a$
laenge% = LEN(a$)
PRINT a$; " ist ";laenge;" Zeichen lang !"
```

ASCII-Zeichen darstellen

Die Funktion CHR$ wandelt einen ASCII-Wert (ASCII = American Standard Code for Information Interchange) in das entsprechende ASCII-Zeichen um. Gültige Argumente für diese Funktion sind Integerwerte im Bereich von 0 bis 255. Die Zuordnung von ASCII-Werten zu bestimmten Zeichen können Sie den ASCII-Tabellen des QBASIC-Hilfesystems entnehmen, die auf der nächsten Seite abgedruckt sind. Sie können die ASCII-Zeichen allerdings auch mit dem nachfolgenden Programm abfragen.

Beispiel:

```
'ASCII-Zeichensatz
DIM ascii%
DO
   INPUT "ASCII-Wert eingeben ",ascii%
LOOP UNTIL ascii% > 0 AND ascii% <= 256
PRINT "ASCII ";ascii%;" entspricht dem Zeichen ";CHR$(ascii%)
```

Aufgabe 23: Überlegen Sie sich ein Verfahren, mit dem Sie das Zeichen " auf dem Bildschirm ausgeben können.

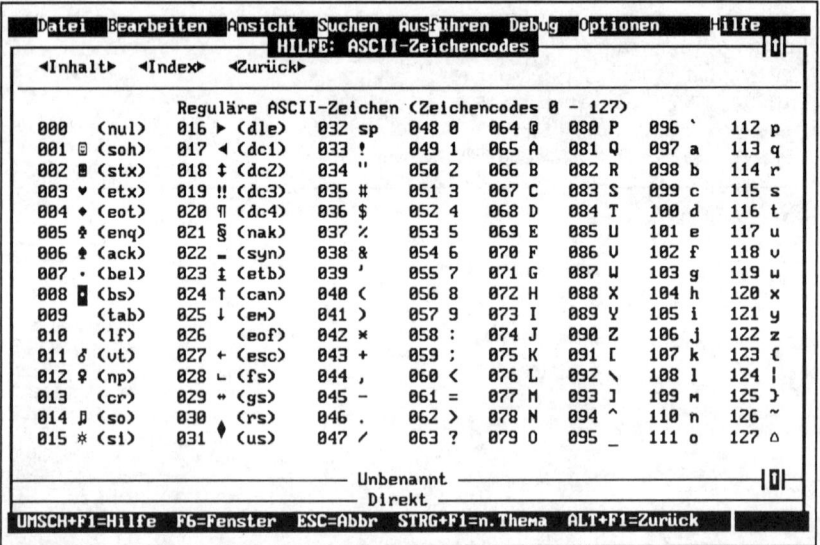

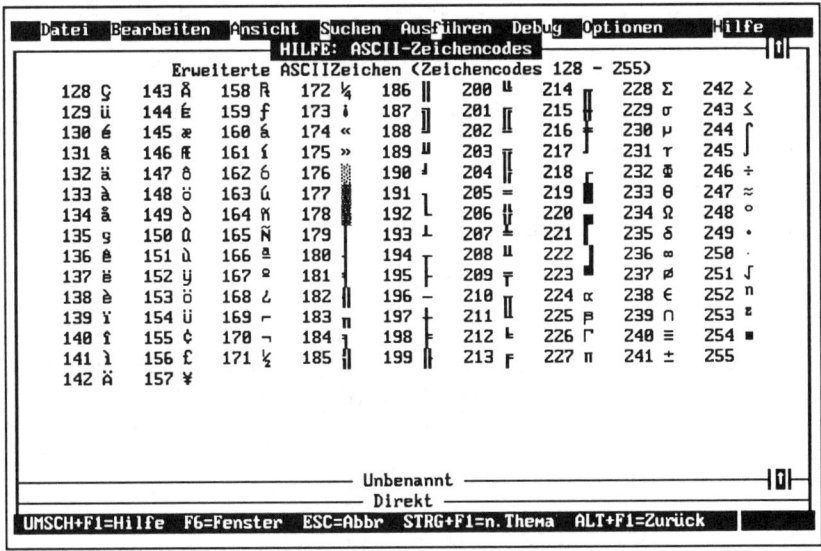

ASCII-Code berechnen

Die Funktion ASC ist die Umkehrung der CHR$-Funktion. Als Argument benötigt ASC ein ASCII-Zeichen und liefert den zugehörigen ASCII-Wert.

Beispiel:

```
PRINT ASC("A")
```

Aufgabe 24: Erstellen Sie ein Programm, welches, entsprechend dem Beispiel bei der CHR$-Funktion, den ASCII-Wert für ein eingegebenes ASCII-Zeichen liefert.

Zeichenfolgen bearbeiten

Eine Zeichenkette von links zerlegen

Die Funktion LEFT$ liefert Ihnen die ersten linken Zeichen aus einer Zeichenfolge zurück. Die Syntax lautet:

LEFT$(Zeichenfolge,Anzahl)

> **Zeichenfolge**   Aus dieser Zeichenfolge sollen die Zeichen extrahiert werden.
>
> **Anzahl**   Integerwert, der angibt, wieviele Zeichen (von links) extrahiert werden sollen.

Beispiel:

```
PRINT LEFT$("Hallo QBASIC",3)
```


Eine Zeichenkette von rechts zerlegen

Diese Funktion liefert Ihnen die ersten rechten Zeichen aus einer Zeichenfolge zurück. Die Syntax lautet:

RIGHT$(Zeichenfolge,Anzahl)

> **Zeichenfolge**   Aus dieser Zeichenfolge sollen die Zeichen extrahiert werden.
>
> **Anzahl**   Integerwert, der angibt, wieviele Zeichen (von rechts) extrahiert werden sollen.

Beispiel:

```
PRINT RIGHT$("Hallo QBASIC",3)
```

Einen beliebigen Teilstring ermitteln MID$

Diese Funktion ermöglicht Ihnen, aus einer Zeichenfolge einen beliebigen Teilstring zu kopieren. Die Funktion können Sie folgendermaßen benutzen:

MID$(Zeichenfolge,Anfang,Länge)

Zeichenfolge	Aus dieser Zeichenfolge sollen die Zeichen extrahiert werden.
Anfang	Startposition, von der an der Teilstring gebildet werden soll.
Länge	Länge des zu bildenden Teilstrings.

Beispiel:

```
'MID$-Funktion
DIM A$,i%,j%
A$="Guten Morgen"
i%=3
j%=5
PRINT MID$("Hallo QBASIC",4,4)
PRINT MID$(a$,i%,j%)
```

Aufgabe 25: Entwickeln Sie ein Programm, das eine eingegebene Zeichenkette zeichenweise auf dem Bildschirm ausgibt. Beispielsweise soll nach der Eingabe von "Tag" auf dem Bildschirm folgendes zu sehen sein:

> T
>
> a
>
> g

Kleinbuchstaben erzeugen

Die Funktion LCASE$ liefert die übergebene Zeichenkette in Kleinbuchstaben zurück. Dabei müssen Sie berücksichtigen, daß nur Satzzeichen im ASCII-Bereich von 32 bis 127 berücksichtigt werden, die im deutschen aber üblichen Umlaute im erweiterten ASCII-Bereich (128 bis 255) liegen.

Beispiel:

```
'LCASE$
PRINT LCASE$("HALLO, SEIT IHR ÜBER DEN BERG")
```

Großbuchstaben erzeugen

Die Funktion UCASE$ ist das Gegenstück zu LCASE$, liefert also die übergebene Zeichenkette in Großbuchstaben zurück. Auch hier gilt, daß nur der ASCII-Bereich von 32 bis 127 berücksichtigt wird.

Beispiel:

```
'UCASE$
PRINT UCASE$("hallo, seit ihr über den berg")
```

Führende Leerzeichen eliminieren

Die Funktion LTRIM$ eliminiert in einer Zeichenkette führende Leerzeichen. Sie erhalten somit eine linksbündige Zeichenkette zurück.

Beispiel:

```
'LTRIM$
DIM wort$, lwort$
wort$ = "          linksbündig   "
lwort$ = LTRIM$(wort$)
PRINT wort$
PRINT LEN(wort$)
PRINT
PRINT lwort$
PRINT LEN(lwort$)
```

Nachfolgende Leerzeichen eliminieren

Die Funktion RTRIM$ eliminiert in einer Zeichenkette nachfolgende Leerzeichen.

Beispiel:

```
'RTRIM$
DIM wort1$, wort2$
wort1$ = "links "
wort2$ = "und rechts"
PRINT wort1$+wort2$
PRINT RTRIM$(wort1$)+wort2$
```

Leerzeichenkette erzeugen

SPACES$ liefert Ihnen als Ergebnis eine Zeichenkette aus lauter Leerzei-
chen. Als Argument müssen Sie die gewünschte Länge dieser Zeichenkette
übergeben.

Beispiel:

```
DIM leer$
leer$ = SPACES$(45)
PRINT LEN(leer$)
```

Zeichenkette in eine Zahl umwandeln

Mit der Funktion VAL können Sie eine Zeichenkette in eine Zahl umwan-
deln. Dies setzt natürlich voraus, daß die umzuwandelnde Zeichenkette dem
Format einer Zahl entspricht. Sofern eine Umwandlung nicht möglich ist,
erhalten Sie als Ergebnis von VAL den Wert Null zurück.

Beispiel:

```
PRINT VAL("234.23")
PRINT VAL("Hallo")
PRINT VAL("43D12")
```

Aufgabe 26: Betrachten Sie nachfolgendes Programm:

```
'Eingabemaske
DIM zahl1%, zahl2%
CLS
LOCATE 10, 5
PRINT "1. Zahl eingeben"
LOCATE 12, 5
PRINT "2. Zahl eingeben"
LOCATE 10, 25
INPUT "", zahl1%
INPUT "", zahl2%
```

Immer wenn Sie anstatt einer Zahl einen Text eingeben (also eine fehlerhafte Eingabe machen), wird Ihre Eingabemaske durch die Fehlernachricht "Nochmal von vorn beginnen" zerstört. Ändern Sie das vorliegende Programm so ab, daß das Programm beim INPUT Texte anstelle von Zahlen erwartet. Eine Eingabe soll allerdings so lange nicht akzeptiert werden, wie der eingegebene Text keiner Zahl entspricht. Dabei darf die Eingabemaske aber zu keinem Zeitpunkt durch irgendwelche Meldungen zerstört werden.

Mathematische Berechnungen durchführen

Einfache mathematische Berechnungen haben Sie schon im Kapitel "Elemente einer Programmiersprache" kennengelernt. Im weiteren Verlauf dieses Kapitels lernen Sie Funktionen kennen, mit denen Sie komplexere mathematische Berechnungen durchführen können. Diese Berechnungen wären ohne diese Funktionen entweder nicht möglich bzw. nur mit erheblich höherem Aufwand zu realisieren.

Absoluter Betrag einer Zahl

Diese Funktion liefert Ihnen als Ergebnis den Absolutwert des übergebenen numerischen Ausdruckes.

Beispiel:

```
HL = 'ABS-Funktion
DIM wert%
wert% = 45
PRINT ABS(wert%)
PRINT ABS(-1 * wert%)
```

Trigonometrische Funktionen

In QBASIC sind folgende trigonometrischen Funktionen definiert:

SIN(Winkel)	Sinusfunktion
COS(Winkel)	Cosinusfunktion
TAN(Winkel)	Tangensfunktion
ATN(numerischer Ausdruck)	Arcustangensfunktion.

Dabei müssen Sie den Winkel bei den Funktionen SIN, COS, TAN im Bogenmaß eingeben. Die Umkehrfunktion des Tangens ATN liefert als Ergebnis ebenfalls einen Winkel im Bogenmaß. Um vom Gradmaß ins Bogenmaß umzurechnen, können Sie folgende Formel verwenden:

☐   grad = bogen * (180 / pi)

☐   bogen = grad * (pi / 180).

Dabei müssen Sie für pi die Kreiszahl (3.14159) verwenden.

Beispiel:

```
'Beispiele mit den trigonometrischen Funktionen
CONST pi! = 3.14159
CONST bogum! = 180 / pi!
CONST gradum! = pi! / 180
'Berechnung von Sinus, Cosinus und Tanges von 17 Grad
PRINT SIN(17 * gradum)
PRINT COS(17 * gradum)
PRINT TAN(17 * gradum)
'Die Umkehrfunktion vom Tangens ist die Funktion ATN
'Hier muß also wieder 17 herrauskommen
PRINT ATN(TAN(197 * gradum)) * bogum
'Ende des Programms
```

Die Potenzfunktion zur Basis e

Die Funktion EXP berechnet Ihnen Werte der Potenzfunktion zur Basis e (Eulersche Zahl = 2.71). Das Ergebnis der Berechnung ist vom Datentyp SINGLE.

Beispiel:

```
'Funktion: f(x) = -3*e^x + 2 * e^3x
DIM x!
CLS
INPUT "Funktionsargument eingeben ",x!
PRINT "f(";x;") = ";
PRINT -3 * EXP(x!) + 2 * EXP(3 * x!)
'Ende des Programms
```

Logarithmusfunktion zur Basis e

Mit der Funktion LOG können Sie Werte der (natürlichen) Logarithmusfunktion (d. h. zur Basis e) berechnen. Das Ergebnis dieser Berechnung ist vom Datentyp SINGLE.

Beispiel:

```
'Funktion LOG
DIM x!
CLS
INPUT "Funktionsargument eingeben ",x!
PRINT "ln("; x!; ") = "; LOG(x!)
'Probe
PRINT "denn es gilt: e^"; LOG(x!); "= x = "; EXP(LOG(x!))
```

Integerwerte erzeugen

Die Funktion INT liefert für ein Funktionsargument die nächstkleinere ganze Zahl.

Beispiel:

```
PRINT INT(2.234)
PRINT INT(-2.234)
'Die nächstkleinere ganze Zahl von -2.234 ist -3 !!!
```

Die INT-Funktion können Sie zum kaufmännischen Runden benutzen.

Beispiel:

```
'Runden mit der INT-Funktion
CONST nkstelle%=10  'Nachkommastelle fürs Runden
'10     = 1. Nachkommastelle
'100    = 2. Nachkommastelle ...
DIM x!,rund!
CLS
INPUT "Zahl eingeben ";x!
rund! = x! * nkstelle% + .5
rund! = INT(rund!)
rund! = rund! / nkstelle%
PRINT x!; " ---- ";rund!
'Ende des Programms
```

Um dieses Programm nachzuvollziehen, ist es hilfreich, nochmals auf das im 1. Kapitel eingeführte Variablenschema zurückzugreifen (s. Abbildung folgende Seite).

Variablen		Aktion
x!	rund!	
0	0	DIM x!,rund!
23.352	0	Eingabe von 23.35 (INPUT)
23.352	234.2	x! * nkstelle% + .5 = 23.352 * 10 + 0.5
23.352	234	INT(rund!)
23.352	23.4	rund! / nkstelle% = 234 / 10

Dezimalstellen abtrennen

Mit der Funktion FIX können Sie alle Nachkommastellen eines numerischen Wertes abschneiden. Sie erhalten als Ergebnis somit eine Integerzahl.

Beispiel:

PRINT FIX(2.334)
PRINT FIX(-2.334)

Quadratwurzel

Die Funktion SQR liefert Ihnen die Quadratwurzel des übergebenen Argumentes im Datentyp SINGLE. Beachten Sie bei einer Verwendung der Funktion SQR, daß eine Wurzelfunktion generell nur für nichtnegative Argumente definiert ist.

Beispiel:

```
PRINT SQR(4)
PRINT SQR(100)
PRINT SQR(234.234)
'Jetzt gibt es einen Fehler
PRINT SQR(-4)
```

Für andere Wurzelfunktionen gibt es in QBASIC keine vordefinierten Funktionen. Im nächsten Kapitel (Verwendung von eigenen Funktionen und Prozeduren) werden Sie eine Möglichkeit kennenlernen, eine solche Wurzelfunktion in QBASIC zu entwickeln.

Die Vorzeichenfunktion

Die Vorzeichenfunktion SGN (Signum) liefert Ihnen die Werte -1, 0, 1, wenn Ihr Funktionsargument kleiner, gleich oder größer Null ist.

Beispiel:

```
'SGN-Funktion
PRINT SGN(-23.3454)
PRINT SGN(0)
PRINT SGN(23.32)
```

Zahl in eine Zeichenkette umwandeln

Die Funktion STR$ wandelt einen numerischen Wert in eine Zeichenkette um, und ist somit die Umkehrfunktion von VAL.

```
DIM zeichen$
zeichen$ = "Dies ist "+STR$(10.234)
PRINT zeichen$
```

Tabellen in BASIC

Unter einer Tabelle versteht man die Zusammenfassung von Variablen gleichen Typs zu einer Einheit. Der Zugriff auf einzelne Elemente in einer Tabelle erfolgt dabei über einen Index. Nehmen wir an, Sie bräuchten in einem Programm 20 Variablen zum Speichern der Artikelpreise 1..20. Sie könnten nun im Programm folgende Deklaration vornehmen:

```
DIM artpr1!, artpr2!, ........, artpr20!
```

Eine anschließende Routine zur Eingabe aller Preise wäre ähnlich aufwendig:

```
INPUT "Artikel 1  ", artpr1!
...
INPUT "Artikel 2  ", artpr2!
```

Die Liste negativer Beispiele ließe sich beliebig fortsetzen (Ausgabe der Artikel, Summierung der Artikel, Löschen aller Preise, etc..). Verwendet man für solche Beispiele anstatt 20 einzelner Datenfelder eine Tabelle mit 20 Elementen, ergibt sich der Vorteil, daß man auf jedes einzelne Element über einen Index zugreifen kann, wobei dieser Index beispielsweise innerhalb von Schleifen variiert wird. Eine Tabelle wird in QBASIC mit dem Befehl DIM definiert:

DIM [SHARED] Variable [Feldgröße]

Zum Unterschied zur Definition einfacher Variablen ist die Spezifizierung einer Feldgröße neu hinzugekommen. Durch die Feldgröße wird QBASIC mitgeteilt, wieviele Elemente in der Tabelle vorhanden sein sollen und wie der Zugriff über einen Index erfolgen soll.

Beispiel:

```
DIM artikel$(1 TO 20)     '20 Stringelemente von 1..20
DIM preis%(5 TO 10)       '6 Integerelemente von 5..10
DIM alter%(18 TO 65)      '48 Integerelemente von 18..65
```

Innerhalb eines Programms erfolgt der Zugriff auf ein Element einer Tabelle durch entsprechende Indizierung.

Beispiel:

```
PRINT preis%(5)        'Anzeige des Elementes mit dem Index 5
```

Ganz deutlich wird der Vorteil bei der Verwendung von Tabellen, wenn Sie das oben geschilderte Beispiel programmieren:

Beispiel:

```
'Übung mit einer Tabelle
DIM artpr!(1 TO 20) 'Preistabelle
DIM i% 'Indexvariable
CLS
'Eingabe von 20 Artikeln
FOR i% = 1 TO 20
    PRINT "Preis für Artikel "; i%; " eingeben ";
    'Eingabe im Element mit dem Index i%
    INPUT "", artpr!(i%)
NEXT i%
'Ausgabe der 20 Artikel
CLS
'Ausgabe in Zeile 22 von
'Summe, Anzahl, Durchschnitt, Maximum, Minimum
```

Aufgabe: 27 Vervollständigen Sie das letzte Beispiel, indem Sie die fehlenden Ausgaberoutinen in das Programm einbauen.

Bei der Verarbeitung von Tabellen erhalten Sie eine Fehlermeldung, wenn Sie einen Index verwenden, der außerhalb des Tabellenbereiches liegt.

Beispiel:

```
M zahl%(1 TO 10)
zahl%(1) = 12   'Korrekt
zahl%(0) = 13   'Fehler, da Element 0 nicht definiert wurde
zahl%(11) = 14  'Fehler, da Element 11 nicht definiert wurde
```

Bisher haben wir in diesem Kapitel nur eindimensionale Tabellen behandelt. Sie haben aber die Möglichkeit, auch mehrdimensionale Tabellen zu definieren, wobei die maximale Anzahl von Dimensionen auf drei begrenzt ist. Die Deklaration einer solchen mehrdimensionalen Tabelle und der Zugriff auf die einzelnen Elemente funktioniert dabei entsprechend der eindimensionalen Tabelle.

Beispiel:

```
'Verwendung einer dreidimensionalen Tabelle
DIM zahl%(1 TO 10, 4 TO 16, 6 TO 30)
zahl%(1, 5, 23) = 13
PRINT zahl%(1, 5, 23)
```

Eigene Funktionen und Prozeduren

Eigene Funktionen

In den vorherigen Kapiteln haben Sie eine Reihe von vordefinierten Funktionen (z.B. MID$ oder SQR) kennengelernt. In diesem Abschnitt sollen Sie lernen, Ihre eigenen Funktionen in QBASIC zu erstellen.

Betrachten wir zu Anfang noch einmal die mathematische Funktion INT. INT war der Funktionsname der Funktion. Hinter ihm verbergen sich Programmschritte, die bei vordefinierten Funktionen für den Programmierer nicht sichtbar sind, und die durch Verwendung des Funktionsnamens im Programm automatisch durchlaufen werden. Anders ausgedrückt, könnte man eine Funktion also als Gruppe von Programmschritten auffassen, die unter einem eindeutigen (Funktions-) Namen zusammengefaßt sind. Über die in Klammern stehenden Funktionsargumente (vgl. INT(3.34)) werden den Programmschritten der Funktion nun konkrete Daten übergeben. Mit diesen Daten führt die Funktion irgendwelche Berechnungen aus und gibt in der Regel ein Ergebnis an das eigentliche Programm zurück.

Um nun eigene Funktionen benutzen zu können, müssen Sie QBASIC als erstes mitteilen, wie die Funktion heißen soll, d. h. Sie müssen den Funktionsnamen festlegen. Da später das Ergebnis der Funktion über den Funktionsnamen zurückgegeben wird, sollten Sie bei der Vergabe der Funktionsnamen die letzte Stelle zur Kennzeichnung des berechneten Datentyps verwenden.

Beispiel: STRICH$()   Übergibt einen String als Ergebnis

RUNDEN%() Liefert eine INTEGERZAHL

WURZEL!()   Liefert eine SINGLEZAHL

Sie können nun eine Funktion in QBASIC durch die Eingabe von FUNCTION Funktionsname definieren. Dabei erzeugt der Editor automatisch ein neues Programmfenster mit einem leeren Funktionsgerüst:

```
FUNCTION Funktionsname

END FUNCTION
```

In dieses Gerüst müssen Sie nun später die notwendigen BASIC-Befehle eintragen, damit die Funktion die gewünschte Berechnung ausführt. Um in Ihr eigentliches Programm zurückzukehren, müssen Sie die Taste «F2» betätigen. Sie erhalten eine Listbox mit allen im Programm definierten Funktionen (und Prozeduren). Dabei steht der erste Eintrag in der Listbox für Ihr eigentliches (Haupt-) Programm.

Im folgenden soll eine Funktion entwickelt werden, die eine Zahl auf eine gewünschte Genauigkeit rundet. Ein entsprechendes Programm war schon im letzten Kapitel im Zusammenhang mit der INT-Funktion beschrieben worden.

Entwickeln Sie als erstes das benötigte Hauptprogramm:

```
'Hauptprogramm zum Testen der Runden-Funktion
DIM zahl!, stelle%
CLS
INPUT "Zahl eingeben:", zahl!
INPUT "Stelle   :", stelle%
'---- Hier müssen Sie später die Funktion einbauen
'Ende des Hauptprogramms
```

Anschließend definieren Sie die neue Funktion "runden!", indem Sie "function runden!" eingeben und die Taste «EINGABE» drücken (Das "!" zeigt an, daß die Funktion einen REAL-Wert zurückliefern soll). Sie erhalten das leere Funktionsgerüst der RUNDEN-Funktion:

```
FUNCTION runden!

END FUNCTION.
```

Um eine beliebige Zahl runden zu können, benötigen Sie innerhalb dieser Funktion zwei Informationen. Zum einen müssen Sie wissen, welche Zahl gerundet werden soll und zum andern muß bekannt sein, auf wieviele Stellen gerundet werden soll. Den Programmzeilen der RUNDEN-Funktion müssen also zwei Parameter übergeben werden. Es liegt nun an Ihnen, festzulegen, in welcher Reihenfolge die Parameter übergeben werden sollen. Wir legen hier fest:

☐ Parameter1 -- Zahl, die gerundet werden soll

☐ Parameter2 -- Stellen, auf die gerundet werden soll.

Somit müssen wir unser Funktionsgerüst folgendermaßen erweitern:

```
FUNCTION runden! (wert!, wonach%)
  'wert! gibt die zu rundende Zahl an
  'wonach% bestimmt die Stelle, auf die gerundet werden soll
END FUNCTION
```

Die im Hauptprogramm übergebenen Parameter stehen also innerhalb der Funktion in den Variablen wert! bzw. wonach% zur Verfügung.

Um dies erst einmal zu testen, erstellen Sie folgende vorläufige Funktion

```
FUNCTION runden! (wert!, wonach%)
  'wert! gibt die zu rundende Zahl an
  'wonach% bestimmt die Stelle, auf die gerundet werden soll
  PRINT "Übergebender Wert : ";wert!
  PRINT "Übergebene Stelle : ";wonach%
END FUNCTION
```

und fügen in Ihr Hauptprogramm die Zeile

```
PRINT runden!(zahl!, stelle%)
```

an der markierten Position ein. Nachdem Sie das Programm gestartet haben, können Sie an der Bildschirmausgabe erkennen, daß die Parameter korrekt an die Funktion übergeben werden.

Die Durchführung der eigentlichen Rundung funktioniert nun ähnlich wie in dem Programm aus dem vorherigen Kapitel. Zu beachten ist lediglich, daß die Rundungsvorschrift jetzt nicht in Form eines Faktors (10, 100 ...; vgl. CONST nkstelle%), sondern in Form der Nachkommastelle vorliegt. Es muß also zunächst ein Verfahren gefunden werden, welches die Nachkommastelle in einen geeigneten Faktor überführt. Hierzu soll folgende Tabelle dienen:

Nachkommastelle	Faktor
1	10
2	100
3	1000
n	10^n

Sie sehen also, daß sich der benötigte Faktor mit Hilfe der Nachkommastelle einfach berechnen läßt. Somit erhalten Sie folgende RUNDEN-Funktion:

```
FUNCTION runden! (wert!, wonach%)
   'wert!  : gibt die zu rundende Zahl an
   'wonach% : Stelle, auf die gerundet werden soll
   DIM rund!, faktor%    'Hilfsvariablen
   faktor% = 10 ^ wonach%
   rund! = wert! * faktor% + .5
   rund! = INT(rund!)
   rund! = rund! / faktor%
   runden! = rund!    'Ergebnisrückgabe
END FUNCTION
```

Hinweis: Nachdem Sie ein Funktionsgerüst erstellt haben, schreibt QBASIC automatisch eine Funktionsdefinition an den Anfang des Hauptprogramms. Diese Definition beginnt mit den Schlüsselwörtern DECLARE FUNCTION. Danach folgt der von Ihnen vergebene Funktionsname mit der spezifizierten Parameterleiste.

Als zweites Beispiel soll eine Funktion entwickelt werden, die aus einer übergebenen Zeichenkette ein bestimmtes Zeichen sucht und die Position zurückliefert, wo das gesuchte Zeichen zum ersten Mal aufgetreten ist. Ist das Suchzeichen überhaupt nicht in der Zeichenkette vorhanden, soll der Wert Null zurückgegeben werden.

Zunächst benötigen wir auch hierfür wieder ein geeignetes Hauptprogramm:

```
'Zeichen in Zeichenkette suchen
DIM zeichenk$, zeichen$
CLS
INPUT "Zeichenkette: ", zeichenk$
INPUT "Zeichen  : ", zeichen$
PRINT
'---- Hier müssen Sie später die Funktion einfügen
'Ende des Hauptprogramms
```

Die zu entwickelnde Funktion soll den Namen "zsuch" erhalten und liefert an das Hauptprogramm einen Integerwert zurück. Durch die Eingabe von "function zsuch%" erhalten Sie das benötigte Funktionsgerüst, das Sie als erstes wiederum um die benötigten Parameter ergänzen sollten:

```
FUNCTION zsuch% (such$, suchz$)
   'such$   : Zeichenkette
   'suchz$  : zu suchendes Zeichen
END FUNCTION .
```

Anschließend müssen Sie die notwendigen BASIC-Befehle in das Funktionsgerüst eintragen.

Aufgabe 28: Vervollständigen Sie die ZSUCH$-Funktion.

Hinweis: Wenn Sie ein QBASIC-Programm mit einem anderen Editor bearbeiten, erhalten Sie keine getrennte Anzeige von Funktionen und Prozeduren zum einen und Hauptprogramm zum anderen. Vielmehr sind Hauptprogramm und Funktionen bzw. Prozeduren in einer Programmdatei gespeichert, wobei die Funktionen und Prozeduren nach dem Hauptprogramm am Ende der Datei zu finden sind.

Um häufig benutzte selbstdefinierte Funktionen (oder Prozeduren) nicht immer wieder neu eingeben zu müssen, sollten Sie sich eine Art Funktionsbibliothek anlegen. Erstellen Sie in QBASIC eine Datei, in der Sie alle Funktionen und Prozeduren definieren, die Sie laufend in Ihren Programmen benötigen (also z.B. auch die Funktionen runden und zsuch). Speichern Sie diese Datei unter dem Namen BIBL.BAS ab. Wenn Sie nun ein neues BASIC-Programm entwickeln, welches auf diese Funktionen zugreifen soll, öffnen Sie einfach die Datei BIBL.BAS und speichern diese anschließend unter dem gewünschten Dateinamen ab (Speichern unter). Anschließend sind in dem neuen Programm alle Funktionen der Datei BIBL.BAS enthalten.

Als nächstes Beispiel soll die im Kapitel "Mathematische Berechnungen durchführen" angeführte Wurzelfunktion erstellt werden. Die Funktion soll eine beliebige Wurzel einer Zahl ermitteln können. Auch hierfür benötigen Sie zunächst wieder ein geeignetes Hauptprogramm:

```
'Wurzelfunktion
DIM argument!, wurz%
CLS
DO
     INPUT "Argument eingeben: ", argument!
     INPUT "Wurzel eingeben:   ", wurz%
LOOP WHILE argument! < 0
PRINT
PRINT wurzel!(argument!, wurz%)
'Ende des Hauptprogramms
```

Desweitern erhalten Sie zunächst folgende leere Funktionshülle:

```
FUNCTION wurzel! (argument!, wurz%)

END FUNCTION
```

Sie können nun für ein Argument eine beliebige Wurzel dadurch berechnen, daß Sie das Argument mit dem Kehrwert der Wurzel potenzieren. Somit erhalten Sie nachfolgende einfache Wurzelfunktion:

```
FUNCTION wurzel! (argument!, wurz%)
    wurzel! = argument! ^ (1 / wurz%)
END FUNCTION
```

Zum Abschluß sollten Sie noch die formale Syntaxdarstellung der Funktionen genauer studieren:

FUNCTION Funktionsname (Parameter1[, Parameter2]...) [STATIC]
    [Anweisung]...
      Funktionsname = Ausdruck
END FUNCTION

Funktionsname	Name der Funktion, wobei Sie in der letzten Stelle den Rückgabetyp spezifizieren müssen (%, &, !, # oder $).
Parameter	Parameter, die der Funktion beim Aufruf übergeben werden.
STATIC	Haben Sie innerhalb einer Funktion neue (lokale) Variablen definiert, so werden die Werte zwischen zwei Funktionsaufrufen gesichert.

Der Gebrauch von STATIC soll noch in einem kleinen Beispiel verdeutlicht werden. Zuerst das folgende Hauptprogramm:

```
'Hauptprogramm
PRINT "Länge von 'test' ";zlen%("test")
PRINT "Länge von 'test' ";zlen%("test")
```

Definieren Sie die Funktion *zlen* zuerst folgendermaßen:

```
FUNCTION zlen% (text$)
   DIM i%
   i% = i% + LEN(text$)
   zlen% = i%
END FUNCTION
```

Wenn Sie das Programm starten, erhalten Sie zweimal die Ausgabe von "Länge von 'test' 4", was auch erst einmal nicht weiter verwundert. Ändern Sie im nächsten Schritt den Funktionskopf folgendermaßen ab:

```
FUNCTION zlen% (text$) STATIC
```

Nach dem Start des Programmes erhalten Sie zunächst eine Länge von 4 und danach die Länge von 8. Da Sie im Funktionskopf das Schlüsselwort STATIC verwendet haben, wurde die lokale Variable i% nach dem Verlassen der Funktion nicht gelöscht. Somit ist beim nächsten Funktionsaufruf immer noch der Wert 4 in der Variablen i% verfügbar und Sie erhalten somit den Wert 8 von der Funktion zurück.

Eigene Prozeduren

Auch bei Prozeduren werden Programmschritte unter einem (Prozedur-) Namen logisch zusammengefaßt. Die Verwendung funktioniert allerdings etwas anders als bei den Funktionen. Betrachten Sie zur Einführung das nachfolgende Beispiel:

```
'Programm Schema für Prozeduren
PRINT "A"
    PRINT "B"
    PRINT "B1"
    PRINT "B2"
PRINT "c"
    PRINT "B"
    PRINT "B1"
    PRINT "B2"
PRINT "erf"
    PRINT "B"
    PRINT "B1"
    PRINT "B2"
PRINT "ugh"
'Ende des Programms
```

Das Programm strotzt zwar nicht gerade vor Sinnhaftigkeit, ist aber dennoch nützlich, um in die Thematik von Prozeduren einzuführen. Wenn Sie das Programm betrachten, stellen Sie fest, daß bestimmte Programmzeilen wiederholt werden. Solche Wiederholungen haben aber den Nachteil, daß sie zum einen Ihr Programm unnötigerweise vergrößern und zum anderen die Pflegbarkeit Ihres Programmes erschweren. Prozeduren ermöglichen Ihnen nun, Programmroutinen, die in den Programmen an mehreren Stellen gebraucht

---

werden, unter einem Prozedurnamen logisch zusammenzufassen. Anschließend kann die Prozedur, ähnlich wie eine Funktion, vom Hauptprogramm
aufgerufen werden.

Geben Sie in Ihrem Programmeditor den Befehl "sub test" ein und Sie erhalten ein leeres Prozedurgerüst:

```
SUB beispiel

END SUB
```

In dieses Prozedurgerüst tragen Sie nun die Programmroutine ein, die Sie
später in Ihrem Hauptprogramm wiederholt benutzen wollen.

```
SUB beispiel
    PRINT "B"
    PRINT "B1"
    PRINT "B2"
END SUB
```

Nun müssen Sie nur noch in Ihrem Hauptprogramm an den entsprechenden
Stellen Ihre Prozedur aufrufen. Somit erhalten Sie folgendes neues Hauptprogramm:

```
'Programm Schema für Prozeduren
PRINT "A"
    CALL beispiel
PRINT "c"
    CALL beispiel
PRINT "erf"
    CALL beispiel
PRINT "ugh"
'Ende des Programms
```

Hinweis: Ähnlich wie bei den Funktionen wird auch eine selbsterstellte
Prozedur von QBASIC am Anfang des Hauptprogramms au-
tomatisch definiert. Diese Definition beginnt mit den Schlüsselwörtern DECLARE SUB. Danach folgt der von Ihnen vergebene Prozedurname mit der spezifizierten Parameterleiste.

Bevor wir im weiteren Verlauf dieses Abschnittes ein sinnvolleres Beispiel für eine Prozedur entwickeln, wollen wir nochmals einen Rückblick auf die Definition von Variablen nehmen. Betrachten Sie zunächst das folgende Beispiel:

```
'Programm Fragwürdig
DIM zahl!
INPUT zahl!
CALL test
'Ende des Programms
```

Die Prozedur *test* lautet:

```
SUB test
    PRINT "Zahl war "; zahl!
END SUB
```

Wenn Sie dieses Programm laufen lassen, werden Sie immer die Ausgabe "Zahl war 0" erhalten, ganz gleich, was Sie vorher beim INPUT eingegeben haben. Scheinbar ist der Prozedur test die Variable zahl! nicht bekannt. Wenn Sie nochmals das Syntaxdiagramm für die Definition von Variablen betrachten, erkennen Sie auch den Grund dafür. Da die Variable zahl! nicht mit dem Zusatz SHARED definiert wurde, ist die Variable für Funktionen und Prozeduren nicht sichtbar. Ändern Sie die Definition der Variablen ab in

DIM SHARED zahl!

und anschließend funktioniert das Programm wie gewünscht.

Hinweis: Nach Möglichkeit sollten alle Variablen, die innerhalb einer Prozedur benötigt werden, als Parameter an diese übergeben werden. Dies führt zu einer höheren Tranzparenz Ihrer Programme.

Ähnlich wie bei den Funktionen haben Sie auch bei den Prozeduren die Möglichkeit, der Prozedur beim Aufruf Parameter zu übergeben. Wir wollen jetzt eine Prozedur entwickeln, die am Bildschirm ein eingerahmtes Fenster ausgibt. Der Rand des Fensters soll mit Strichgrafikzeichen dargestellt werden. Insgesamt müssen die zu verwendenden Grafikzeichen, die Koordinaten des Fensters und das Füllzeichen als Parameter an die Prozedur übergeben werden.

Im ersten Schritt soll das zum Testen benötigte Hauptprogramm entwickelt werden:

```
'* Hauptprogramm zum Erzeugen von Bildschirmfenstern
'*------------------------------------------------------------*
'Deklaration der Funktionen und Prozeduren
DECLARE SUB fenster (lo1%, lo2%, ru1%, ru2%, art$)

'Variablendeklaration (Fensterarten)
DIM art1$, art2$, art3$, art4$, art5$
CLS

'Fensterarten definieren
art1$ = "▓▓▓▓▓▓▓▓▓"
art2$ = "┌─────┐"
art3$ = "├─────┤"
art4$ = "╞═════╡"
art5$ = "─┤│" + CHR$(1) + "│└─┘"

'Fenster aufrufen
CALL fenster(1, 1, 23, 80, art1$)
CALL fenster(3, 3, 20, 77, art2$)
CALL fenster(5, 5, 12, 75, art3$)
CALL fenster(13, 5, 18, 68, art4$)
CALL fenster(13, 68, 18, 75, art5$)
'Programmende
```

Der Prozedur werden die Koordinaten zweier Ecken (links oben und rechts unten) als Integerwerte übergeben. Der erste Parameter (lo1%) steht für die Zeile der linken oberen Ecke und der zweite (lo2%) für die Spalte dieser Ecke. Der dritte und vierte Parameter spezifiziert entsprechend die rechte untere Ecke (ru1% bzw. ru2%). In der Stringvariablen wird die Rahmenart definiert. Eine Rahmenart kann mit neun Zeichen genau festgelegt werden. Hierzu müssen Sie folgendermaßen vorgehen:

☐ Das erste Zeichen wird für die linke obere Ecke benutzt.

☐ Das zweite Zeichen liegt zwischen den beiden oberen Ecken.

☐ Das dritte Zeichen bestimmt die rechte obere Ecke.

☐ Mit dem vierten Zeichen geben Sie den linken Rand an.

☐ Das Füllzeichen im Fenster wird mit dem fünften Zeichen festgelegt.

☐ Das sechste Zeichen legt den rechten Rand fest.

☐ Durch das siebte Zeichen wird die linke untere Ecke bestimmt.

☐ Anschließend legen Sie den unteren Rand durch das achte Zeichen fest.

☐ Mit dem letzten Zeichen wird die rechte untere Ecke festgelegt.

Sie können die Rahmenart bestimmen, indem Sie entweder die benötigten ASCII-Zeichen über die Tastatur eingeben («ALT» + ASCII-Code: Halten Sie die ALT-Taste fest und geben Sie im Nummernblock der Tastatur bespielsweise 197 ein) oder indem Sie eine entsprechende Zeichenkette mit Hilfe der CHR$-Funktion erstellen. Die benötigten ASCII-Codes können Sie im QBASIC-Hilfesystem oder den Abbildungen im Abschnitt "ASCII-Zeichen darstellen" entnehmen. Das Zeichnen des Fensters übernimmt die Prozedur *fenster*.

```
SUB fenster (lo1%, lo2%, ru1%, ru2%, art$)
'*---------------------------------------*
'* Zeichnen eines Fensters               *
'*---------------------------------------*

'lokale Hilfsvariable
DIM i%
DIM fuell$      'Zeichenkette zur Speicherung der Füllzeichen

'fuell$ mit linker Fensterbegrenzung bestücken
fuell$ = MID$(art$, 4, 1)

'fuell$ mit Füllzeichen bestücken
FOR i% = 1 TO ru2% - lo2% - 1
    fuell$ = fuell$ + MID$(art$, 5, 1)
NEXT i%
```

```
'fuell$ mit rechter Fensterbegrenzung bestücken
fuell$ = fuell$ + MID$(art$, 6, 1)

'Linke obere Ecke positionieren
LOCATE lo1%, lo2%
PRINT MID$(art$, 1, 1);

'Oberen Strich ausgeben
FOR i% = lo2% + 1 TO ru2% - 1
   PRINT MID$(art$, 2, 1);
NEXT i%

'Rechte obere Ecke ausgeben
PRINT MID$(art$, 3, 1);

'Senkrechte Linien ziehen und Füllzeichen ausgeben
FOR i% = 1 TO ru1% - lo1% - 1
   'Positionieren
   LOCATE lo1% + i%, lo2%
   PRINT fuell$;
NEXT i%

'Auf die linke untere Ecke positionieren
LOCATE ru1%, lo2%
'Linke untere Ecke ausgeben
PRINT MID$(art$, 7, 1);

'Unteren Strich ausgeben
FOR i% = lo2% + 1 TO ru2% - 1
   PRINT MID$(art$, 8, 1);
NEXT i%

'Rechte untere Ecke ausgeben
PRINT MID$(art$, 9, 1)
'Fertig
END SUB
```

Eine beliebige Taste drücken, um fortzusetzen_

Sonstige Befehle

Das Systemdatum bearbeiten

Mit dem DATE$-Befehl können Sie dem Programm das Systemdatum Ihres Rechners bereitstellen. Es ist aber auch möglich, das Systemdatum mit dem DATE$-Befehl zu verändern.

Beispiel:

```
DIM dat$
PRINT DATE$
dat$ = DATE$
DATE$ = "12-12-1988"
PRINT "Vorher: "; dat$; "  Nachher: ";DATE$
```

Die Systemzeit bearbeiten

Mit dem TIME$-Befehl können Sie, ähnlich wie bei DATE$, die Systemzeit Ihres Rechners dem Programm bereitstellen oder verändern.

Beispiel:

```
DIM tim$
PRINT TIME$
tim$ = TIME$
TIME$ = "12:12:00""
PRINT "Vorher: "; tim$; "  Nachher: ";TIME$
```

Variableninhalt vertauschen

Mit SWAP können Sie den Inhalt zweier Variablen gleichen Datentyps vertauschen.

Beispiel:

```
'Programm SWAP
DIM a%, b%, a$, b$
a% = 1
b% = 4
a$ = "A"
b$ = "B"
SWAP a%, b%
SWAP a$, b$
PRINT "a%="; a%, "b%="; b%, "a$="; a$, "b$="; b$
```

Tastaturabfrage

Oft ist es notwendig, Daten von der Tastatur nicht mittels INPUT in einem STRING, sondern zeichenweise einzulesen. Hierzu können Sie die INKEY$-Funktion verwenden. Kann gerade kein Zeichen von der Tastatur gelesen werden, dann liefert INKEY$ das Zeichen "" zurück.

Beispiel 1:

```
'INKEY$ zur Programmunterbrechung
CLS
PRINT "Beliebige Taste drücken um fortzufahren"
DO WHILE INKEY$ = ""
LOOP
PRINT "Danke !"
'Ende des Programms
```

Beispiel 2:

Besonders interessant an der INKEY$-Funktion ist, daß Sie auch die Sonder- und Funktionstasten der Tastatur abfragen können. Sie können die möglichen Tastaturcodes entweder im Hilfesystem von QBASIC nachschlagen, oder Sie verwenden folgendes Programm:

```
'Tastaturcodes
DIM taste$
DO
    CLS
    PRINT "Beliebige Taste drücken"
    DO
        taste$ = INKEY$
    LOOP WHILE taste$ = ""
    PRINT "Tastencode:    "; taste$
    PRINT "Länge Tastencode:    "; LEN(taste$)
    PRINT
    PRINT "Noch einen Tastencode abfragen (J,j)"
    DO
        taste$ = INKEY$
    LOOP WHILE taste$ = ""
LOOP UNTIL UCASE$(taste$) <> "J"
```

An diesem Beispiel können Sie erkennen, daß sich die Sondertasten dadurch auszeichnen, daß der Tastencode aus zwei Zeichen besteht.

Aufgabe 29: Erstellen Sie ein Programm, das folgende Arbeitsschritte durchführt:

☐ Eingabe eines Textes

☐ Anschließend buchstabenweises Ausgeben des Textes in der Form
Der ... Buchstabe von ..Eingabetext.. ist ...

Dabei soll die Ausgabe immer in derselben Zeile bei sonst leerem Bildschirm erfolgen. Um die einzelnen Ausgaben auch betrachten zu können, soll das Programm nach jeder Ausgabe solange anhalten, bis eine beliebige Taste gedrückt wurde.

```
Der  4.Buchstabe von: "Heute ist Freitag der 13."; ist: t
```

Bildschirmfarben einstellen

Mit COLOR können Sie die Farbdarstellung auf dem Bildschirm verändern. Das volle Spektrum der Möglichkeiten können Sie natürlich nur ausnutzen, wenn Sie im Besitz eines Farbbildschirmes sind. COLOR wird folgendermaßen verwendet:

COLOR [Vordergrund] [,Hintergrund]

    Vordergrund   Integerwert für die Vordergrunddarstellung.

    Hintergrund   Integerwert für die Hintergrunddarstellung.

Folgende Farben können dargestellt werden:

Farbnummer	Farbe
0	Schwarz
1	Blau
2	Grün
3	Türkis
4	Rot
5	Magenta
6	Braun
7	Hellgrau
8	Dunkelgrau
9	Hellblau
10	Hellgrün
11	Helltürkis
12	Hellrot
13	Hellmagenta
14	Gelb
15	Weiß

Der Standardwert ist die Farbeinstellung COLOR 7,0. Wenn Sie zur Vordergrundfarbe den Wert 16 addieren, erhalten Sie eine blinkende Darstellung.

Beispiel:

```
'Testprogramm für die Farbdarstellung
DIM vordergrund%, hintergrund%
CLS
FOR vordergrund% = 0 to 31   'Vordergrundfarben
   For hintergrund% = 0 to 15
        COLOR vordergrund%,hintergrund%
        PRINT using "Farbe ##"; vordergrund%;
        PRINT ",";
        PRINT using "##";hintergrund%
   NEXT hintergrund%
NEXT vordergrund%
'Standard einstellen
COLOR 7,0
'Ende des Programms
```

Dateiverarbeitung

Einführung

Die meisten Programme werden neben den Daten, die über die Tastatur eingegeben oder am Bildschirm ausgegeben werden, auch Daten verarbeiten, die in irgendwelchen Dateien auf einem Datenträger (Diskette, Festplatte) gespeichert sind.

Zur Einführung in diesen Themenkomplex sollen einige Grundbegriffe genauer erläutert werden. Zuerst ist einmal zu klären, was man eigentlich unter dem Begriff "Datei" versteht. Man könnte den Begriff anschaulich wie folgt definieren: Eine Datei ist der Ort auf einem Datenträger, wo Informationen gespeichert werden. Diese Definition ist allerdings sehr allgemein, denn nach dieser Definition sind beispielsweise folgende Dinge Dateien:

☐ Telefonbuch (Datenträger Papier)

☐ Karteikasten (Datenträger Papier)

☐ Adressdatei auf der Festplatte (Datenträger Festplatte).

Dabei interessieren uns natürlich im weiteren Verlauf nur Dateien, die auf Datenträgern gespeichert sind, welche wir direkt mit einem QBASIC-Programm bearbeiten können. Betrachten wir dennoch zuerst noch einmal den Karteikasten. In einem solchen Karteikasten sind normalerweise eine Reihe von Karteikarten enthalten, ansonsten ist der Karteikasten leer. Übertragen wir dies auf den Dateibegriff, so besteht also die Möglichkeit, daß eine Datei leer ist. Trotzdem ist auch dann eine Datei vorhanden, es sind nur gerade keine Informationen in ihr gespeichert. Die einzelnen Karteikarten heißen bei einer Datei Datensätze. Ähnlich wie die Karten in einem Karteikasten haben auch Sätze in einer Datei eine Reihenfolge, so gibt es beispielsweise auch in einer Datei einen ersten Datensatz und einen letzten Datensatz. Betrachtet man nun eine einzelne Karteikarte bzw. einzelnen Datensatz genauer, so können auf dieser Karte bzw. diesem Datensatz die verschiedensten Informationen gespeichert sein (z.B. Name, Anschrift, Alter...). Diese Informationen heißen Datenfelder. Die Zusammenfassung der einzelnen Datenfelder ergibt also wieder die logische Einheit "Datensatz".

Bevor Sie mit einem Programm eigene Dateien erzeugen bzw. Dateien verarbeiten, sollten Sie sich Gedanken machen, wie Sie die benötigten Informationen in einem Datensatz speichern wollen.

Im weiteren Verlauf dieses Kapitels soll eine kleine Adreßverwaltung mit den nachfolgenden Datenfeldern erstellt werden:

- ☐ Nachname: (30 Stellen)

- ☐ Vorname: (30 Stellen)

- ☐ Strasse: (30 Stellen)

- ☐ Plz: (6 Stellen)

- ☐ Ort: (30 Stellen)

- ☐ Telefon: (16 Stellen)

- ☐ Stichwort: (30 Stellen).

Den ersten Teil der Adressenverwaltung bildet ein Programm, mit dem Sie Daten in die Datei eingeben können.

Um eine Datei in einem BASIC-Programm verarbeiten zu können, muß diese Datei zuerst einmal geöffnet werden. Hierzu dient der OPEN-Befehl:

OPEN Dateiname FOR Modus AS #Dateinummer

Dateiname	Dateiname mit Pfad und Dateinamenserweiterung.
Modus	Gibt an, wie die Datei eröffnet werden soll:

APPEND: Die Datei wird zum Schreiben eröffnet, wobei neue Sätze ans Ende der Datei angefügt werden.

INPUT: Die Datei wird zum Lesen eröffnet.

OUTPUT: Die Datei wird zum Schreiben eröffnet.

RANDOM: Die Datei besteht aus Sätzen fester Länge und kann gelesen und beschrieben werden.

Dateinummer Integerzahl zwischen 1 und 255. Die Datei wird anschließend im Programm unter dieser Nummer angesprochen.

Nachdem die Datei bearbeitet wurde, müssen Sie diese mit CLOSE wieder schließen. Programmieren Sie hierzu "CLOSE #Dateinummer".

Zwischen OPEN und CLOSE haben Sie nun Zugriff auf die Datei; beispielsweise können Sie mit dem Befehl WRITE Datensätze in die Datei hineinschreiben.

WRITE Dateinummer, Variable [, Variable]...

Das folgende Programmbeispiel zeigt Ihnen, wie Sie Daten für die Adressdatei erfassen können. Durch den APPEND-Modus wird jeder erfaßte Datensatz an das Ende der Datei angehängt. Somit können Sie das Programm beliebig häufig starten und Ihre Datei fortschreiben. Wenn Sie APPEND gegen OUTPUT tauschen, wird die Datei jedesmal überschrieben.

```
'*********************************************
'** Programm zum Erfassen von Adressen
'*********************************************
'Datenfelder definieren
DIM nachname$, vorname$, strasse$, plz$, ort$, telefon$,
stichwort$
DIM nochein$    'Schalter

'Datei im APPEND-Modus eröffenen
OPEN "adresse.asc" FOR APPEND AS #1

'Es sollen solange Datensätze eingegeben werden, bis im Feld
'nochein$ kein J,j gespeichert ist
DO
    CLS
    'Datenfelder erfassen
    INPUT "Nachname  : ", nachname$
    INPUT "Vorname   : ", vorname$
    INPUT "Straße    : ", strasse$
    INPUT "PLZ       : ", plz$
    INPUT "Ort       : ", ort$
    INPUT "Telefon   : ", telefon$
    INPUT "Stichwort : ", stichwort$
    'Datensatz speichern
    WRITE #1,nachname$,vorname$,strasse$,plz$,ort$,telefon$,stichwort$
    PRINT
    'Abfrage ob noch eine Eingabe
    INPUT "Noch ein : ", nochein$
LOOP WHILE UCASE$(nochein$) = "J"
'Datei Schließen
CLOSE #1
'Ende des Programms
```

Im nächsten Schritt soll der Inhalt der erzeugten Datei am Bildschirm angezeigt werden, d. h. die Datei muß Satz für Satz (sequentiell) gelesen werden,
wobei die einzelnen Felder jeweils am Bildschirm angezeigt werden sollen.
Damit Sie im Programm das Dateiende erkennen können, gibt es die EOF-
Funktion.

EOF(Dateinummer)

Die EOF-Funktion benötigt als Funktionsargument die Dateinummer der Datei und liefert den Wahrheitswert "wahr", wenn das Dateiende erreicht ist, ansonsten liefert diese Funktion den Wahrheitswert "falsch".

Gelesen werden die einzelnen Datensätze mit Hilfe einer Variante des INPUT-Befehls. Normalerweise konnten Sie mit INPUT Daten von der Tastatur einlesen und in einer Variablen speichern. Um Daten aus einer Datei einzulesen, müssen Sie den INPUT-Befehl folgendermaßen verwenden:

INPUT #Dateinummer, Datenfeld1 [, Datenfeld2]...

```
'*******************************************************
'** Programm zum sequentiellen Lesen der Adressen
'*******************************************************
'Datenfelder definieren
DIM nachname$, vorname$, strasse$, plz$, ort$, telefon$,
stichwort$
'Datei im INPUT Modus eröffnen
OPEN "adresse.asc" FOR INPUT AS #1

CLS
'Es sollen solangen Datensätze gelesen werden, bis die Funktion
'eof den Wahrheitswert "falsch" liefert
DO UNTIL EOF(1) 'falsch wenn Dateiende noch nicht erreicht
    'Datensatz lesen
    INPUT #1,nachname$,vorname$,strasse$,plz$,ort$,telefon$,stichwort$
    'Datensatz am Bildschirm ausgeben
    PRINT nachname$; " "; vorname$; " "; strasse$
    PRINT plz$; " "; ort$, " ", telefon$; " "; stichwort$
    PRINT
LOOP
'Datei Schließen
CLOSE #1
```

Eine selbstgeschriebene Adreßverwaltung

In diesem Abschnitt soll die Adreßverwaltung um einige wichtige Funktionen ergänzt werden. Vor allem sollen in den Programmen komfortable Ein- u. Ausgabemasken entwickelt werden. Auch wenn die etwas umfangreicheren Beispiele auf den ersten Blick abschrecken mögen, sollten Sie diesen Abschnitt nicht übergehen. Ein intensives Durcharbeiten dieses Abschnittes wird Ihnen sicherlich wertvolle Anregungen für die eigene Programmierpraxis geben. Zum anderen können Sie sich nochmals mit den wichtigsten Befehlen in einem größeren Zusammenhang auseinandersetzen.

Das zu entwickelnde Programm soll folgende Aufgaben unterstützen:

☐ Adresse erfassen

☐ Adresse suchen

☐ Adresse ändern.

Im Hauptprogramm soll zum Anwählen der einzelnen Aufgaben ein Menü programmiert werden. Von dort aus verzweigt das Programm in einzelne Prozeduren, welche die jeweiligen Aufgaben durchführen. Eine solche Programmstruktur hat den Vorteil, daß Sie relativ schnell lauffähige Teilprogramme erhalten. Desweiteren sind Sie in der Lage, bei der Programmierung Aufgabenteilung vorzunehmen. Beispielsweise programmieren Sie selbst die Prozeduren zur Erfassung, während jemand anders die Prozeduren für das Suchen und Ändern entwickelt. Das Menü, von dem Sie die verschiedenen Funktionen der Adreßverwaltung ansteuern können, soll folgendermaßen aussehen:

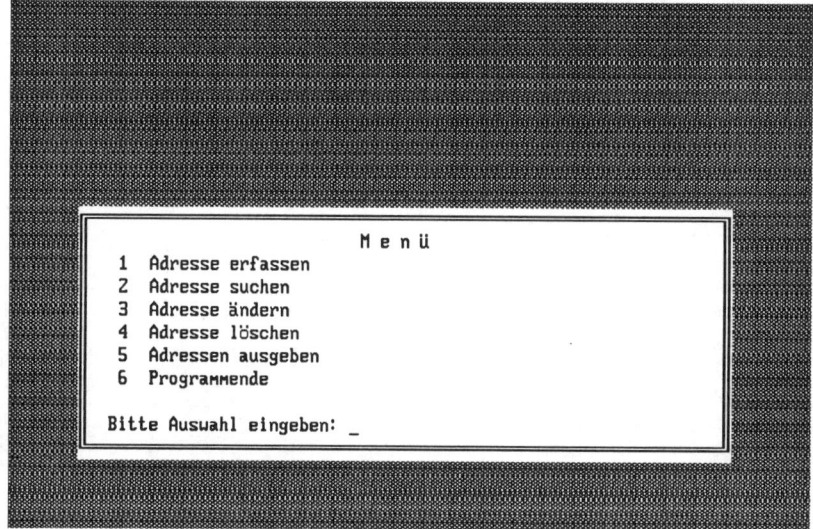

```
                        M e n ü
    1  Adresse erfassen
    2  Adresse suchen
    3  Adresse ändern
    4  Adresse löschen
    5  Adressen ausgeben
    6  Programmende

    Bitte Auswahl eingeben: _
```

Im Grundgerüst dieses Programmes finden Sie die schon bekannte Prozedur FENSTER und eine Reihe von leeren Prozeduren. In diese Prozeduren werden später die Befehle eingefügt, die notwendig sind, um die ausgewählte Aufgabe durchzuführen. Im Hauptprogramm wird das Menü aufgebaut. Die Menütexte sind in der Tabelle mentx$ gespeichert. Dies hat den Vorteil, daß Sie die Texte recht einfach in einer FOR..NEXT Schleife ausgeben können. Nach Ausgabe der Menütexte wird die Tastatur abgefragt, und zwar so lange, bis ein Wert im Bereich von 1..6 eingegeben wurde. Diese Eingabe wird mittels SELECT..CASE ausgewertet, wobei das Programm je nach Eingabe in eine bestimmte Prozedur verzweigt.

Die gesamte Menüroutine ist in eine DO..LOOP Schleife eingebettet. Hierdurch verbleibt das Programm, auch nach Durchführung einer Prozedur, solange im Menü, bis die Auswahl "Programmende" gewählt wurde.

In den Konstanten elem% und maxl% sind Werte für die Funktion edit$, mit der Sie die Datenfelder am Bildschirm bearbeiten können, gespeichert. In der Konstanten elem% müssen Sie die Anzahl der zu bearbeitenden Datenfelder angeben (in diesem Beispiel 7). Die Länge des größten Datenfeldes müssen Sie in der Konstanten maxl% ablegen. Die Längen der einzelnen Datenfelder werden für die Funktion edit$ in der Tabelle ele%(1 to elem%) gespeichert.

Hinweis: Denken Sie bei der Eingabe des nachfolgenden Listings daran, daß die DECLARE-Zeilen am Anfang von QBASIC automatisch erstellt werden, wenn Sie die Funktionen bzw. Prozeduren anlegen.

```
'*-----------------------------------------------*
'*              Adressverwaltung
'*-----------------------------------------------*
'Deklaration der Funktionen und Prozeduren
DECLARE FUNCTION edit$ ()
DECLARE SUB fenster (lo1%, lo2%, ru1%, ru2%, art$)
DECLARE SUB neuanlage ()
DECLARE SUB suchen ()
DECLARE SUB aendern ()
DECLARE SUB loeschen ()
DECLARE SUB anzeigen ()
DECLARE SUB init ()


'Konstantendeklaration
CONST art1$ = ""    'Fensterarten
CONST art2$ = " "
CONST art3$ = ""
CONST elem% = 7 '            Anzahl der Elemente für edit$
CONST maxl% = 30            'Längstes Element für edit$


'Variablendeklaration
DIM i%, auswahl%            'Hilfsvariablen
DIM mentx$(1 TO 6)          'Menütexte
DIM SHARED ele%(1 TO elem%) 'Längen der einzelnen
                           'Elemente für die edit$-Funktion

'Datenfelder (SHARED)
DIM SHARED nname$, vname$, stras$, plz$, ort$, tele$, stich$

'Datenfelder initialisieren
CALL init

'Länge der einzelnen Datenfelder speichern
ele%(1) = LEN(nname$)
ele%(2) = LEN(vname$)
ele%(3) = LEN(stras$)
ele%(4) = LEN(plz$)
ele%(5) = LEN(ort$)
ele%(6) = LEN(tele$)
ele%(7) = LEN(stich$)
```

```
'Menütexte laden
mentx$(1) = "Adresse erfassen    "
mentx$(2) = "Adresse suchen      "
mentx$(3) = "Adresse ändern      "
mentx$(4) = "Adresse löschen     "
mentx$(5) = "Adressen ausgeben   "
mentx$(6) = "Programmende        "

'Grundbildschirm aufbauen
CLS
CALL fenster(1, 1, 23, 80, art1$)

'Dauer-Loop bis Auswahl 6 gewählt
DO
'*--------------------------------------*
'*              Menü ausgeben
'*--------------------------------------*
    CALL fenster(10, 8, 20, 72, art2$)
    LOCATE 11, 36
    PRINT "M e n ü"

    'Menütexte ausgeben
    'Haben Sie mehr Menüpunkte, müssen Sie die 6 verändern
    FOR i% = 1 TO 6
        LOCATE 11 + i%, 11
        PRINT USING "##"; i%;
        PRINT " "; mentx$(i%);
    NEXT i%

    'Tastendruck abfragen
    LOCATE 19, 11
    PRINT "Bitte Auswahl eingeben: _"

    DO
        auswahl% = VAL(INKEY$)
    LOOP UNTIL auswahl%  0 AND auswahl%  7
```

```
'Menüauswahl auswerten
'Je nach Auswahl wird in eine entsprechende
'Prozedur verzweigt
SELECT CASE auswahl%
    CASE 1
        CALL neuanlage
    CASE 2
        CALL suchen
    CASE 3
        CALL aendern
    CASE 4
        CALL loeschen
    CASE 5
        CALL anzeigen
    CASE ELSE
END SELECT

LOOP UNTIL auswahl% = 6

CLS
'Programmende
```

Bevor Sie dieses Programm ausprobieren können, müssen Sie alle benötigten Funktionen und Prozeduren zumindest als leeres Gerüst erstellen. Die Prozedur fenster wird allerdings auch schon im Hauptteil des Programms benötigt. Es handelt sich bei fenster um die schon bekannte Fenster-Prozedur.

```
SUB fenster (lo1%, lo2%, ru1%, ru2%, art$)
'*-----------------------------------*
'* Zeichnen eines Fensters
'*-----------------------------------*

DIM i%      'lokale Hilfsvariable
DIM fuell$ 'Zeichenkette zur Speicherung der Füllzeichen
'fuell$ mit linker Fensterbegrenzung bestücken
fuell$ = MID$(art$, 4, 1)

'fuell$ mit Füllzeichen bestücken
FOR i% = 1 TO ru2% - lo2% - 1
   fuell$ = fuell$ + MID$(art$, 5, 1)
NEXT i%

'fuell$ mit rechter Fensterbegrenzung bestücken
fuell$ = fuell$ + MID$(art$, 6, 1)

'Linke obere Ecke positionieren
LOCATE lo1%, lo2%
PRINT MID$(art$, 1, 1);

'Oberen Strich ausgeben
FOR i% = lo2% + 1 TO ru2% - 1
   PRINT MID$(art$, 2, 1);
NEXT i%

'Rechte obere Ecke ausgeben
PRINT MID$(art$, 3, 1);

'Senkrechte Linien ziehen und Füllzeichen ausgeben
FOR i% = 1 TO ru1% - lo1% - 1
   'Positionieren
   LOCATE lo1% + i%, lo2%
   PRINT fuell$;
NEXT i%

'Auf die linke untere Ecke positionieren
LOCATE ru1%, lo2%
'Linke untere Ecke ausgeben
PRINT MID$(art$, 7, 1);

'Unteren Strich ausgeben
FOR i% = lo2% + 1 TO ru2% - 1
   PRINT MID$(art$, 8, 1);
NEXT i%
```

```
'Rechte untere Ecke ausgeben
PRINT MID$(art$, 9, 1)
'Fertig
END SUB
```

An dieser Stelle muß Ihr Programm schon einwandfrei funktionieren. Allerdings können Sie noch keine Programmfunktion nutzen. Schauen wir uns als nächstes die Prozedur init an.

```
SUB init
'*-------------------------------*
'*   Datenfelder initialisieren  *
'*-------------------------------*

nname$ = SPACE$(30)
vname$ = SPACE$(30)
stras$ = SPACE$(30)
ort$ = SPACE$(30)
stich$ = SPACE$(30)
plz$ = SPACE$(6)
tele$ = SPACE$(16)

END SUB
```

In dieser Prozedur werden alle Datenfelder der Adressdatei inititalisiert. Wenn Sie die Datenfelder mit einer anderen Länge speichern wollen, brauchen Sie einfach nur an dieser Stelle den entsprechenden Wert in der SPACES$-Funktion zu verändern. Achten Sie aber darauf, daß, wenn ein Datenfeld die Maximallänge *maxl%* überschreitet, Sie auch diese Konstante anpassen müssen.

Die erste Routine, die zu programmieren ist, ist sinnvollerweise das Erfassungs-Modul, also die Prozedur *neuanlage*. Als erstes werden in dieser Prozedur die Datenfelder initialisiert (init), d. h. mit Startwerten versehen. Danach wird ein Arbeitsfenster auf dem Bildschirm eingeblendet. In diesem Fenster soll später die Eingabe der Daten möglich sein. Da Basic von sich aus wenig Unterstützung bietet, Daten am Bildschirm komfortabel zu erfassen, wurde in diesem Programm die Funktion *edit$* entwickelt. Diese Funktion ermöglicht die Eingabe der Daten und gibt als Rückgabe ein Kennzeichen zurück, ob die Eingabe der Daten ordnungsgemäß beendet wurde (OK) oder ob die Bearbeitung abgebrochen wurde (" "). Wird von *edit$* der Status OK zurückgemeldet, so wird die Datei "adresse.dat" im APPEND-Modus eröffnet und ein neuer Datensatz an die Datei angefügt. Zum Schluß wird das Arbeitsfenster wieder gelöscht.

```
SUB neuanlage
'*-------------------------------*
'*    Datensatz neuanlegen       *
'*-------------------------------*

'Datenfelder initialisieren
CALL init

'Arbeitsfenster aufbauen
CALL fenster(5, 5, 22, 75, art3$)
LOCATE 6, 8
PRINT "Neue Adresse erfassen"

'Datenfelder editieren
IF edit$ = "OK" THEN
    'Datei zum schreiben öffnen
    OPEN "adresse.dat" FOR APPEND AS #1

    'Datensatz speichern
    WRITE #1, nname$, vname$, stras$, plz$, ort$, tele$, stich$
    'Datei wieder schließen

    CLOSE #1
END IF
'Arbeitsfenster löschen
CALL fenster(5, 5, 22, 75, art1$)
END SUB
```

Damit Sie das Programm bis hierhin testen können, erstellen Sie eine vorläufige Funktion *edit$*:

```
FUNCTION edit$
    DIM x$
    LOCATE 8,8
    INPUT "Arbeitsfenster ",x$
    edit$="   "
END FUNCTION
```

Damit Sie nun auch wirklich Adressen erfassen können, muß die Funktion *edit$* entsprechend erweitert werden. Zunächst erst einaml das Listing im Zusammenhang:

```
FUNCTION edit$
'*-------------------------------------------*
'* Eingabe der Datenfelder                   *
'*-------------------------------------------*
'Lokale Arbeitsvariablen
DIM i%, j%, x$, flag$
DIM arr$(1 TO elem%, 1 TO maxl%)

'Tabellen laden
FOR i% = 1 TO ele%(1)
    arr$(1, i%) = MID$(nname$, i%, 1)
NEXT i%

FOR i% = 1 TO ele%(2)
    arr$(2, i%) = MID$(vname$, i%, 1)
NEXT i%

FOR i% = 1 TO ele%(3)
    arr$(3, i%) = MID$(stras$, i%, 1)
NEXT i%

FOR i% = 1 TO ele%(4)
    arr$(4, i%) = MID$(plz$, i%, 1)
NEXT i%

FOR i% = 1 TO ele%(5)
    arr$(5, i%) = MID$(ort$, i%, 1)
NEXT i%

FOR i% = 1 TO ele%(6)
    arr$(6, i%) = MID$(tele$, i%, 1)
NEXT i%

FOR i% = 1 TO ele%(7)
    arr$(7, i%) = MID$(stich$, i%, 1)
NEXT i%
```

```
'Textausgabe für die Maske
LOCATE 8, 8
PRINT "Name      :"
LOCATE 9, 8
PRINT "Vorname   :"
LOCATE 10, 8
PRINT "Strasse   :"
LOCATE 11, 8
PRINT "Plz       :"
LOCATE 12, 8
PRINT "Ort       :"
LOCATE 13, 8
PRINT "Telefon   :"
LOCATE 14, 8
PRINT "Stichwort:"

'Tabellen ausgeben
FOR i% = 1 TO 7
   FOR j% = 1 TO ele%(i%)
       LOCATE 7 + i%, 20 + j%
       PRINT arr$(i%, j%)
   NEXT j%
NEXT i%

'Funktionstasten anzeigen
LOCATE 18, 8
PRINT "ESC   Abbrechen"
LOCATE 18, 30
PRINT "F10   Weiter"

'Startwerte für Hilfsvariablen
i% = 1
j% = 1
```

```
'*--------------------------------------*
'*  Ab hier beginnt die eigentliche     *
'*  Bearbeitung der Datenfelder         *
'*--------------------------------------*
DO
    LOCATE 7 + i%, 20 + j%
    'Inverse Darstellung
    COLOR 0, 7
    PRINT arr$(i%, j%)
    LOCATE 7 + i%, 20 + j%
    COLOR 7, 0

    DO
        x$ = INKEY$
    LOOP WHILE x$ = ""

    'INKEY-Auswerten
    IF LEN(x$) = 2 OR ASC(x$) < 32 THEN
        'Sondertaste gedrückt
        'aktuelles Zeichen wieder normal
        'ausgeben
        PRINT arr$(i%, j%);
        SELECT CASE x$
            CASE CHR$(27)
                'ESC gedrückt
                flag$ = " "
                EXIT DO
            CASE CHR$(0) + "D"
                'F10 gedrückt
                flag$ = "OK"
                EXIT DO
            CASE CHR$(0) + "M"
                'Pfeiltaste rechts
                j% = j% + 1
                IF j% > ele%(i%) THEN
                    j% = 1
                END IF
            CASE CHR$(0) + "K"
                'Pfeiltaste links
                j% = j% - 1
                IF j% < 1 THEN
                    j% = ele%(i%)
                END IF
```

```
                CASE CHR$(0) + "H"
                    'Pfeiltaste oben
                    i% = i% - 1
                    IF i% < 1 THEN
                        i% = 7
                    END IF
                    IF j% > ele%(i%) THEN
                        j% = ele%(i%)
                    END IF
                CASE CHR$(0) + "P"
                    'Pfeiltaste unten
                    i% = i% + 1
                    IF i% > 7 THEN
                        i% = 1
                    END IF
                    IF j% > ele%(i%) THEN
                        j% = ele%(i%)
                    END IF
                CASE CHR$(13)
                    'Enter
                    j% = 1
                    i% = i% + 1
                    IF i% > 7 THEN
                        i% = 1
                    END IF
                CASE CHR$(8)
                    'Rücktaste
                    j% = j% - 1
                    IF j% < 0 THEN
                        j% = 1
                    END IF
                    r$(i%, j%) = " "
                CASE ELSE
            END SELEC
```

```
        ELSE
        'Keine Sondertaste gedrückt
            arr$(i%, j%) = x$
            PRINT x$;
            j% = j% + 1
            IF j% > ele%(i%) THEN
                j% = 1
                i% = i% + 1
                IF i% > 7 THEN
                    i% = 1
                END IF
            END IF
        END IF
LOOP
'Falls F10 gedrückt wurde müssen die Tabellen zurück
'in die Datenfelder geladen werden
IF flag$ = "OK" THEN
    nname$ = ""
    vname$ = ""
    stras$ = ""
    plz$ = ""
    ort$ = ""
    tele$ = ""
    stich$ = ""

    FOR i% = 1 TO ele%(1)
        nname$ = nname$ + arr$(1, i%)
    NEXT i%

    FOR i% = 1 TO ele%(2)
        vname$ = vname$ + arr$(2, i%)
    NEXT i%

    FOR i% = 1 TO ele%(3)
        stras$ = stras$ + arr$(3, i%)
    NEXT i%

    FOR i% = 1 TO ele%(4)
        plz$ = plz$ + arr$(4, i%)
    NEXT i%

    FOR i% = 1 TO ele%(5)
        ort$ = ort$ + arr$(5, i%)
    NEXT i%
```

```
    FOR i% = 1 TO ele%(6)
         tele$ = tele$ + arr$(6, i%)
    NEXT i%

    FOR i% = 1 TO ele%(7)
         stich$ = stich$ + arr$(7, i%)
    NEXT i%

END IF

edit$ = flag$
END FUNCTION
```

Schauen wir uns diese Funktion an einigen Stellen im Detail an. Wie Sie
erkennen können, werden edit$ keine Parameter übergeben. Normalerweise
würde man einer solchen Funktion eine Reihe von Parametern (Datenfelder,
Längen, Überschriften, Bildschirmpositionen usw.) übergeben, um diese
Funktion völlig variabel zu halten. Dies würde aber den Rahmen eines Einsteigerseminars bei weitem sprengen.

Alle in der Funktion benötigten Daten wurden im Hauptprogramm mit dem
Zusatz SHARED definiert und stehen somit auch der Funktion zur Verfügung. Überschriften und Bildschirmpositionen sind in edit$ fest eingebaut.
Dennoch ist es ziemlich einfach, edit$ an die eigenen Bedürfnisse anzupas-
sen. Die Funktion edit$ bearbeitet die Datenfelder intern in der zweidimen-
sionalen Tabelle arr$. Diese Tabelle muß zuerst einmal erstellt werden:

```
'Tabellen laden
FOR i% = 1 TO ele%(1)
    arr$(1, i%) = MID$(nname$, i%, 1)
NEXT i%
FOR i% = 1 TO ele%(2)
    arr$(2, i%) = MID$(vname$, i%, 1)
NEXT i%
FOR i% = 1 TO ele%(3)
    arr$(3, i%) = MID$(stras$, i%, 1)
NEXT i%
...
```

Die Tabelle ist so aufgebaut, daß der erste Index (1..7) das jeweilige Datenfeld und der zweite Index die Stelle in diesem Datenfeld repräsentiert. Die Tabelle ist so dimensioniert, daß Datenfelder mit einer Länge von maximal *maxl%* Stellen bearbeitet werden können. Sollten Sie einmal längere Datenfelder bearbeiten wollen, so müssen Sie die Konstante anpassen.

Übung: Machen Sie sich bitte klar, daß nach dem Laden der Tabellen im Element arr$(2, 10) der 10. Buchstabe des Vornamens und in arr$(6, 12) der 12. Buchstabe der Telefonnummer gespeichert ist. Was ist in dem Element arr$(4, 6) gespeichert?

Nach dem Laden der Tabelle werden mit LOCATE und PRINT-Befehlen eine Reihe von Überschriften im Arbeitsfenster ausgegeben.

```
'Textausgabe für die Maske
LOCATE 8, 8
PRINT "Name :"
LOCATE 9, 8
PRINT "Vorname  :"
```

Bei Übernahme von *edit$* in Ihre eigenen Programme müssen Sie diese Stellen anpassen.

Bevor mit der eigentlichen Eingabe begonnen werden kann, soll der aktuelle Inhalt der Tabellen am Bildschirm ausgegeben werden. Dies ist vor allem später für die Prozedur aendern wichtig. Die Ausgabe erfolgt zeilenweise (erste FOR..NEXT Schleife) und innerhalb einer Zeile zeichenweise (zweite FOR..NEXT Schleife).

```
'Tabellen ausgeben
'elem% gibt an wieviel Elemente vorhanden sind
FOR i% = 1 TO elem%
   'ele%(i%) ist die Länge des Elementes i%
   FOR j% = 1 TO ele%(i%)
        LOCATE 7 + i%, 20 + j%
        PRINT arr$(i%, j%)
   NEXT j%
NEXT i%
```

Damit der Anwender weiß, wie er die Erfassungsmaske beenden kann, werden die vorhanden Möglichkeiten am Bildschirm angezeigt.

```
'Steuertaste ausgeben
LOCATE 18, 8
PRINT "ESC   Abbrechen"
LOCATE 18, 30
PRINT "F10   Weiter"
```

Erst hier beginnt die Routine, die die Eingabe am Bildschirm ermöglicht. Der Index der Tabellen wird über die Variablen i% und j% bestückt. Deshalb werden diese Variablen auf den Anfangswert 1 gesetzt. Durch diese beiden Indizes wird praktisch immer ein Buchstabe in einem der Datenfelder angesprochen (i%=1 j%=1 1.Buchstabe im ersten Datenfeld; i%=6 j%=5 5.Buchstabe im sechsten Datenfeld).

```
'Edit-Loop
i% = 1
j% = 1
DO
    LOCATE 7 + i%, 20 + j%
    'Um anzuzeigen, wo gerade eine Eingabe gemacht werden kann
    'wird die Darstellung invertiert
    COLOR 0, 7
    'Dieser Buchstabe (i%. Element, j%.Buchstabe) kann jetzt
    'Bearbeitet werden und wird deshalb invertiert dargestellt
    PRINT arr$(i%, j%)
    LOCATE 7 + i%, 20 + j%
    'Inverse Darstellung wieder ausschalten
    COLOR 7, 0
    'Das Programm hält so lange an, bis irgendeine Taste
    'gedrückt wurde'

    DO
        x$ = INKEY$
    LOOP WHILE x$ = ""

    'Die gedrückte Taste muß nun ausgewertet werden
    'Die erste Überlegung: Wurde eine Sondertaste gedrückt
    IF LEN(x$) = 2 OR ASC(x$) < 32 THEN 'Sondertaste gedruckt
        'Anweisungen zum Auswerten der Sondertaste
    ELSE
        'Hier beginnt der ELSE-Zweig der IF-Anweisung.
        'Kommt das Programm in diesen Zweig wurde keine
        'Sondertaste gedrückt.
    END IF
LOOP
```

Diese innere IF..THEN..ELSE Anweisung bildet also praktisch den wesentlichen Kern der gesamten Funktion. Schauen wir uns zunächst einmal nur den THEN-Zweig für die Sondertasten an:

```
'Sondertaste gedrückt
IF LEN(x$) = 2 OR ASC(x$) < 32 THEN
    'Um die inverse Darstellung des aktuellen Buchstabens
    'wieder zu löschen, wird dieser nochmals ausgegeben
    PRINT arr$(i%, j%);
    'Zur INKEY-Analyse eignet sich vorzüglich SELECT..CASE
    'In der Variablen flag$ wird der Rückgabewert der Funktion
    'zwischengespeichert
    SELECT CASE x$
```

Die beide Tasten «ESC» und «F10» sollen die Bearbeitung beenden. Deshalb wird in beiden Fällen ein EXIT DO zum Beenden der Schleife eingesetzt. Allerdings stellt «ESC» einen Abbruch dar, d. h. die aufrufende Prozedur (in diesem Falle *neuanlage*) darf keinen Datensatz speichern. Deshalb wird in der Variablen *flag$* der Wert " " gespeichert und am Ende der Funktion über *edit$* an die rufende Prozedur übergeben.

```
SELECT CASE x$
    CASE CHR$(27)'ESC gedrückt
        flag$ = "    "
        EXIT DO
    CASE CHR$(0) + "D"     'F10 gedrückt
        flag$ = "OK"
        EXIT DO
```

Wenn «→» gedrückt wurde, muß der Cursor im aktuellen Feld eine Stelle nach rechts rücken. Steht der Cursor am Feldende, soll er an den Feldanfang springen. Entsprechend soll «←» funktionieren.

```
CASE CHR$(0) + "M"  'Pfeiltaste rechts
    j% = j% + 1 'Cursor nach rechts rücken
    'Ist das Feldende überschritten
    IF j% > ele%(i%) THEN
        j% = 1
    END IF
CASE CHR$(0) + "K"  'Pfeiltaste links
    j% = j% - 1 'Cursor nach links rücken
    'Ist der Feldanfang überschritten
    IF j% < 1 THEN
        j% = ele%(i%)
    END IF
```

«↑» bewegt den Cursor in das nächstobere Feld. Im ersten Feld gedrückt, soll der Cursor in das letzte Feld der Eingabemaske springen. Sofern möglich, soll die Cursorposition im Feld beibehalten bleiben. Ist das nächsthöhere Feld dafür zu klein, so soll der Cursor dort am Feldende seine neue Position finden.

```
CASE CHR$(0) + "H"  'Pfeiltaste oben
    i% = i% - 1 'Ein Feld höher rücken
    'Stand der Cursor schon im ersten Feld
    IF i% < 1 THEN
        i% = 7  'dies ist das letzte Feld
    END IF
    'Ist die Cursorpositon zu groß für
    'das neue Feld
    IF j% > ele%(i%) THEN
        j% = ele%(i%)
    END IF
CASE CHR$(0) + "P"  'Pfeiltaste unten
    i% = i% + 1
    IF i% > 7 THEN
        i% = 1
    END IF
    IF j% > ele%(i%) THEN
        j% = ele%(i%)
    END IF
```

Beim Drücken von «ENTER» soll der Cursor an den Anfang des nächsten Feldes springen. Wird «ENTER» im letzten Feld gedrückt, so springt der Cursor wieder ins erste Feld zurück.

```
CASE CHR$(13)     'Enter
    j% = 1 'Anfangsposition im Feld
    i% = i% + 1 'Ein Feld weiter
    'Beim letzten Feld zurück ins erste
    IF i% > 7 THEN
        i% = 1
    END IF
```

Die Rücktaste soll das Zeichen links vom Cursor löschen. Dieses Zeichen muß also mit Space (" ") aufgefüllt werden.

```
    CASE CHR$(8)
        'Rücktaste
        j% = j% - 1
        IF j% < 1 THEN
            j% = 1
        END IF
        arr$(i%, j%) = " "
    CASE ELSE
END SELECT
ELSE
    'Hier beginnt der ELSE-Zweig der IF-Anweisung,
    'd.h. es wurde keine Sondertaste gedrückt
```

Wenn keine Sondertaste gedrückt wurde, muß der gedrückte Buchstabe an der aktuellen Cursorposition ausgegeben werden und im aktuellen Element der Tabelle gespeichert werden. Anschließend muß der Curosr auf die nächste Feldposition gerückt werden.

```
ELSE
    'das aktuelle Element wird mit der gedrückten Taste
    'bestückt
    arr$(i%, j%) = x$
    'und an der aktuellen Position ausgegeben
    'Hierdurch wird gleichzeitig die Inversdarstellung
    'überschrieben
    PRINT x$;
    'Cursor eine Stelle weiterrücken
    j% = j% + 1
    'Ist das Feldende überschritten, soll der Cursor
    'automatisch ins nächste Feld weiterrücken
    IF j% > ele%(i%) THEN
        j% = 1
        i% = i% + 1
        'War der Cursor im letzten Feld,
        gehts mit dem ersten weiter
        IF i% > 7 THEN
            i% = 1
        END IF
    END IF
END IF
LOOP
```

Wurde der EDIT-LOOP mit der Taste «F10» (flag$="OK") verlassen, so muß
die Tabelle zurück in die Datenfelder geladen werden.

```
IF flag$ = "OK" THEN
    'Alle Datenfelder werden Buchstabe für Buchstabe
    aus der Tabelle aufgebaut
    'Zuerste müssen aber die Datenfelder gelöscht werden
    nname$=""
    vname$=""      '...
    'Aufbau des ersten Datenfeldes
    FOR i% = 1 TO ele%(1)
        nname$ = nname$ + arr$(1, i%)
    NEXT i%
END IF
'Zum Schluß muß der Status an die rufende Prozedur
'übergeben werden
edit$ = flag$
END FUNCTION
```

Als nächstes soll die Auswahl "Adresse suchen" implementiert werden. Die hierfür verantwortliche Prozedur suchen ist ja schon als leeres Gerüst im Programm vorhanden. Um Eingabearbeit zu sparen, sollten Sie den Inhalt der Prozedur neuanlage mit Hilfe des QBASIC-Editors in die Prozedur suchen kopieren.

In dem Programm soll die Möglichkeit geschaffen werden, nach jedem Datenfeld einzeln oder in Kombination zu suchen. Anschließend sollen alle gefundenen Adressen der Reihe nach am Bildschirm angezeigt werden. Aus diesem Grund verzweigt die Prozedur erst einmal wieder in die Funkion edit$, damit die Suchbegriffe eingegeben werden können.

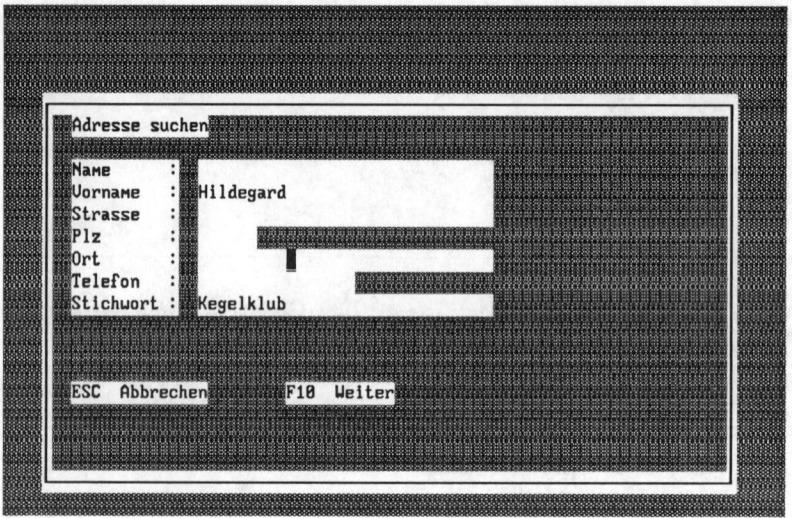

Achtung: Beachten Sie bitte, daß die Argumente nach dem IF im folgenden Listing alle in eine Zeile geschrieben werden müssen, obwohl sie hier aus drucktechnischen Gründen auf mehrere Zeilen verteilt sind!

```
SUB suchen
'*---------------------------------*
'* Datensatz suchen                *
'*---------------------------------*
'Lokale Hilfsfelder fürs Suchen
DIM suname$, suvname$, sustras$, suort$, sutele$, suplz$, sustich$

'Arbeitsfelder
DIM x$

'Datenfelder initialisieren
CALL init

'Arbeitsfenster erzeugen
CALL fenster(5, 5, 22, 75, art3$)
LOCATE 6, 8
PRINT "Adresse suchen"

'Suchbegriffe eingeben
IF edit$ = "OK" THEN
   OPEN "adresse.dat" FOR INPUT AS #1
   DO UNTIL EOF(1)
   'Datensatz in der Datei lesen
   INPUT #1,suname$,suvname$,sustras$,suplz$,suort$,sutele$,sustich$

   'Datensatz mit den Suchbegriffen vergleichen
   IF nname$   SPACE$(30) AND nname$ = suname$ OR
           vname$   SPACE$(30) AND vname$ = suvname$ OR
           plz$   SPACE$(6) AND plz$ = suplz$ OR
           ort$   SPACE$(30) AND ort$ = suort$ OR
           tele$   SPACE$(16) AND tele$ = sutele$ OR
           stich$   SPACE$(30) AND stich$ = sustich$ THEN
      'Gefunden !
      'Also Felder in der Maske ausgeben
      LOCATE 8, 21
      PRINT suname$
      LOCATE 9, 21
      PRINT suvname$
      LOCATE 10, 21
      PRINT sustras$
```

```
        LOCATE 11, 21
        PRINT suplz$
        LOCATE 12, 21
        PRINT suort$
        LOCATE 13, 21
        PRINT sutele$
        LOCATE 14, 21
        PRINT sustich$
        'Warten bis eine Taste gedrückt wurde
        DO
                x$ = INKEY$
        LOOP UNTIL x$ = CHR$(27) OR x$ = CHR$(0) + "D"

        'Inkey-Auswerten
        IF x$ = CHR$(27) THEN
            EXIT DO
        END IF
    END IF
LOOP
CLOSE #1
END IF

'Arbeitsfenster löschen
CALL fenster(5, 5, 22, 75, art1$)
END SUB
```

Einige Stellen dieses Programmteils sollen besonders erläutert werden.

```
'Suchbegriffe mit edit$ erfassen
IF edit$ (nname$, vname$, stras$, plz$, ort$, tele$,
stich$) = "OK" THEN
    'Adressdatei zum Lesen öffnen
    OPEN "adresse.dat" FOR INPUT AS #1
    ...
END IF
```

Nur wenn beim Erfassen die Taste «F10» gedrückt wurde, liefert die Funktion edit$ den Rückgabewert "OK" und das Programm versucht einen passenden Datensatz zu finden. Die Adressdatei wird hierzu im Lesemodus eröffnet und Satz für Satz (sequentiell) verarbeitet.

```
'Adressdatei zum Lesen öffnen
OPEN "adresse.dat" FOR INPUT AS #1

DO UNTIL EOF(1)
    'Datensatz aus der Datei lesen
    'Die Felder werden in den Hilfsvariablen
    'gespeichert
    INPUT #1,suname$,suvname$,sustras$,suplz$,suort$,sutele$,sustich$
    'Datensatz mit den Suchbegriffen vergleichen
    IF nname$ <> SPACE$(30) AND nname$ = suname$ OR
            voname$ <>   SPACE$(30) AND vname$ = suvname$ OR
            plz$ <> SPACE$(6) AND plz$ = suplz$ OR
            ort$ <> SPACE$(30) AND ort$ = suort$ OR
            tele$ <> SPACE$(16) AND tele$ = sutele$ OR
            stich$ <> SPACE$(30) AND stich$ = sustich$ THEN
        'Datensatz wurde gefunden
        'Mit LOCATE in der Maske positionieren
        'Mit PRINT Datenfeld ausgeben
        ...
    END IF
LOOP
```

Die einzelnen Datenfelder werden in den Variablen "su.." gespeichert und anschließend mit den Eingaben aus edit$ verglichen. Dabei muß ein Datenfeld mit dem zugehörigen Suchbegriff nur übereinstimmen, wenn im Suchbegriff überhaupt etwas eingegeben wurde, der Suchbegriff also nicht nur aus Leerzeichen besteht. Liefert diese etwas längere IF-Bedingung den Wahrheitswert "wahr", so wurde ein passender Datensatz gefunden und muß am Bildschirm ausgegeben werden. Dabei muß darauf geachtet werden, daß die Grundmaske von edit$ erhalten bleibt. Deshalb wird mit LOCATE an die entsprechenden Stellen der Maske positioniert und anschließend das Datenfeld mit PRINT ausgegeben.

```
DO
    x$ = INKEY$
    LOOP UNTIL x$ = CHR$(27) OR x$ = CHR$(0) + "D"

    'Inkey-Auswerten
    IF x$ = CHR$(27) THEN'ESC wurde gedrückt
        EXIT DO
    END IF
```

Hier hält das Programm an und erwartet vom Anwender eine Eingabe, ob weitergesucht oder ob der Suchvorgang abgebrochen werden soll. Wird an dieser Stelle die Taste «ESC» gedrückt, so wird die äußere DO..LOOP Schleife verlassen und somit der Suchvorgang abgebrochen. Durch Betätigen der Taste «F10» wird die Schleife erneut durchlaufen, sofern das Dateieinde (EOF(1)) noch nicht erreicht ist. Der nächste Datensatz wird gelesen, und sofern wieder Übereinstimmung mit den Suchbegriffen vorliegt, wird auch dieser Datensatz wieder am Bildschirm angezeigt.

Nachdem «ESC» gedrückt wurde oder das Dateiende erreicht ist, wird die Adressdatei wieder geschlossen, das Arbeitsfenster wird gelöscht und die Prozedur suchen gibt die Kontrolle an das Hauptprogramm zurück, d. h. das Menü erscheint wieder am Bildschirm.

Zum Schluß wird die Prozedur zum Ändern erstellt. Das Ändern eines Datensatzes erzwingt zuerst einmal, daß man den zu ändernden Datensatz in der Datei findet. Sie benötigen also wieder eine Suchfunktion in diesem Programmteil. Deshalb ist es sinnvoll, bei der Entwicklung der Änderungsroutine die Prozedur "suchen" als Basis zu verwenden.

```
SUB aendern
'*-------------------------------*
'* Ändern eines Datensatzes      *
'*-------------------------------*
'Lokale Hilfsfelder fürs Suchen
DIM suname$, suvname$, sustras$, suort$, sutele$, suplz$, sustich$
DIM s2name$, s2vname$, s2stras$, s2ort$, s2tele$, s2plz$, s2stich$

'Arbeitsfelder
DIM x$, rec%

'Felder initialisieren
CALL init

'Arbeitsfenster aufbauen
CALL fenster(5, 5, 22, 75, art3$)
LOCATE 6, 8
PRINT "Adresse suchen"

'Suchbegriffe eingeben
IF edit$ = "OK" THEN
    OPEN "adresse.dat" FOR INPUT AS #1
    OPEN "adresse.neu" FOR OUTPUT AS #2

    s2name$  = nname$
    s2vname$ = vname$
    s2stras$ = stras$
    s2plz$   = plz$
    s2ort$   = ort$
    s2tele$  = tele$
    s2stich$ = stich$

    DO UNTIL EOF(1)
            'Gelesene Records speichern
            'Datensatz in der Datei lesen
            INPUT #1,suname$,suvname$,sustras$,suplz$,suort$,sutele$,sustich$
```

```
      'Datensatz mit den Suchbegriffen vergleichen
      IF s2name$  SPACE$(30) AND s2name$ = suname$ OR
          s2vname$  SPACE$(30) AND s2vname$ = suvname$ OR
          s2plz$  SPACE$(6) AND s2plz$ = suplz$ OR
          s2ort$  SPACE$(30) AND s2ort$ = suort$ OR
          s2tele$  SPACE$(16) AND s2tele$ = sutele$ OR
          s2stich$  SPACE$(30) AND s2stich$ = sustich$ THEN
      nname$ = suname$
      vname$ = suvname$
      stras$ = sustras$
      plz$ = suplz$
      ort$ = suort$
      tele$ = sutele$
      stich$ = sustich$

      'Text in der Maske ändern
      LOCATE 6, 8
      PRINT "Adresse ändern"

      'Gefundenen Datensatz bearbeiten
      IF edit$ = "OK" THEN
          WRITE #2,nname$,vname$,stras$,plz$,ort$,tele$,stich$
      ELSE
          WRITE #2,suname$,suvname$,sustras$,suplz$,suort$,sutele$,sustich$
      END IF
  ELSE
      WRITE #2,suname$,suvname$,sustras$,suplz$,suort$,sutele$,sustich$
  END IF
LOOP
CLOSE #1
CLOSE #2
KILL "adresse.dat"
NAME "adresse.neu" AS "adresse.dat"
END IF

'Arbeitsfenster löschen
CALL fenster(5, 5, 22, 75, art1$)
END SUB
```

Da in diesem Programm nicht mit RANDOM-Dateien gearbeitet wurde, muß die Änderungsprozedur gleichzeitig zwei Dateien bearbeiten. Im Prinzip wird in dieser Prozedur Satz für Satz aus der Datei "adresse.dat" in die Datei "adresse.neu" kopiert. Während des Kopiervorganges haben Sie die Möglichkeit, die Datensätze, die mit den Suchbegriffen übereinstimmten, zu ändern. Zum Schluß wird die Datei "adresse.dat" gelöscht und die Datei "adresse.neu" wird in "adresse.dat" umbenannt.

```
OPEN "adresse.dat" FOR INPUT AS #1
OPEN "adresse.neu" FOR OUTPUT AS #2
...
'adresse.dat löschen
KILL "adresse.dat"
'adresse.neu in adresse.dat umbenennen
NAME "adresse.neu" AS "adresse.dat"
```

Fehlerbehandlung

Beginnen wir die Überlegungen zur Fehlerbehandlung mit folgendem Beispiel:

```
'Programm Provokation
'DIM a!
INPUT "Bitte eine Zahl eingeben ",a!
PRINT 5000 / a!
'Ende des Programms
```

Dieses Programm funktioniert so lange einwandfrei, wie Sie bei der Eingabeaufforderung keine Null eingeben. Bei einer Eingabe der Zahl Null erhalten Sie einen Laufzeitfehler, da die Division durch Null auch in QBASIC nicht definiert ist. Solche Fehlersituationen müssen vom Programmierer durch entsprechende Eingabeprüfungen abgefangen werden.

```
'Programm Provokation entschärft
'DIM a!
DO
    INPUT "Bitte eine Zahl eingeben ",a!
UNTIL a! <> 0
PRINT 5000 / a!
'Ende des Programms
```

Es gibt aber eine Reihe von Fehlersituationen, die sich nicht so einfach durch die bisher kennengelernten Kontrollstrukturen beheben lassen. Betrachten Sie hierfür zunächst das folgende Beispiel:

```
'Programm Druckerfehler
LPRINT "Druckausgabe 1"
LPRINT "Druckausgabe 2"
LPRINT "Druckausgabe 3"
'Ende des Programms
```

Starten Sie das Programm, wobei Sie Ihren Drucker ausgeschaltet lassen. In diesem Falle erhalten Sie wiederum einen Laufzeitfehler. Das gleiche passiert im übrigen auch, wenn Sie den Drucker ausschalten (oder Offline setzen), während das Programm versucht, Daten zum Drucker zu schicken.

Ziel dieses Kapitels ist es nun, ein Verfahren zu entwickeln, das Ihnen ermöglicht, auf solche Fehlersituationen im Programm zu reagieren.

ON ERROR GOTO

Der Schlüssel zur Lösung des vorliegenden Problems liegt in der Anweisung ON ERROR GOTO. Mit diesem Befehl können Sie QBASIC anweisen, beim Auftreten eines Laufzeitfehlers eine bestimmte Sprungmarke anzusteuern. Hierdurch wird das in QBASIC implementierte Fehlerbehandlungssystem, das bisher für die Fehlermeldungen auf dem Bildschirm verantwortlich war, ausgeschaltet. Damit die Fehlerroutine nicht immer automatisch zum Schluß durchlaufen wird, müssen Sie das Ende Ihres eigentlichen Programms mit dem Schlüsselwort END kennzeichnen. Abgeschlossen wird die Fehlerroutine durch den Befehl RESUME NEXT. Die genaue Bedeutung dieses Befehls wird etwas später erläutert.

```
'Programm Divisionsfehler
ON ERROR GOTO FehlerHandler
PRINT "Ausgabe einer Berechnung"
'Zeile Provokatio
PRINT 1000 / 0
END      'Hier ist das eigentliche Programm zu Ende
'Ende des Programms
'Hier beginnt Ihr eigener FehlerHandler
FehlerHandler:
PRINT
PRINT "------------------------------------"
PRINT "Huch !, es ist ein Fehler aufgetaucht"
PRINT "------------------------------------"
PRINT
RESUME NEXT
```

Diese Fehlerroutine arbeitet zugegebenerweise auch nicht viel komfortabler als der Standard in QBASIC. Allerdings stürzt Ihr Programm nicht mehr ab, sondern wird trotz eines Laufzeitfehlers bis zum Ende abgearbeitet. Nur die Programmzeile, die den Fehler verursacht, wird übergangen.

Um noch besser auf den jeweiligen Fehler reagieren zu können, ist es notwendig, die Fehlersituation im Fehlerhandler genauer analysieren zu können. Immer wenn QBASIC einen Laufzeitfehler erkennt, stellt es dem Programm Statusinformationen in den folgenden Systemvariablen zur Verfügung:

ERDEV	Letzter Geräte-Fehlercode
ERDEV$	Zugehöriger Gerätename
ERR	Laufzeit-Fehlercode

Diese Variablen können dann in dem eigenen Fehlerhandler ausgewertet werden:

```
'Programm Divisionsfehler
ON ERROR GOTO FehlerHandler
PRINT "Ausgabe einer Berechnung"
'Zeile Provokatio
PRINT 1000 / 0
END    'Hier ist das eigentliche Programm zu Ende
'Ende des Programms
'Hier beginnt Ihr eigener FehlerHandler
FehlerHandler:
PRINT
PRINT "-------------------------------------"
PRINT "Huch !, es ist ein Fehler aufgetaucht"
PRINT "Geräte-Fehlercode  : ";ERDEV
PRINT "Geratename         : ";ERDEV$
PRINT "Laufzeit-Fehlercode: ";ERR
PRINT "-------------------------------------"
PRINT
RESUME NEXT
```

Eine Liste aller möglichen Laufzeit-Fehlercodes ist im Hilfesystem von QBASIC vorhanden. In der folgenden Tabelle sind die wichtigsten Codes für einen eigenen Fehlerhandler auszugsweise zusammengefaßt:

Code	Fehlersituation
11	Division durch Null
24	Zeitüberschreitung am Gerät
25	Allgemeiner Gerätefehler
27	Papierende
52	Dateiname unzulässig
53	Datei nicht gefunden
54	Falscher Dateimodus
55	Datei bereits geöffnet
57	Gerätefehler bei Ein-/Ausgabe
58	Datei existiert bereits
61	Festplatte / Diskette voll
64	Unzulässiger Dateiname
68	Gerät nicht verfügbar
70	Zugriff verweigert
71	Festplatte / Diskette nicht bereit
72	Datenträgerfehler
75	Pfad/Datei-Zugriffsfehler
76	Pfad nicht gefunden

Hinweis: Die Entwicklung einer Fehlerroutine, die auf alle diese Fehlercodes entsprechend reagieren kann, würde den Umfang dieses Einsteigerseminars bei weitem sprengen. Um in die gesamte Problematik einzuführen, sollen einige Fehlersituationen exemplarisch behandelt werden.

Bevor wir nun unseren Fehlerhandler weiter perfektionieren, sollte die Anweisung RESUME näher erläutert werden. RESUME können Sie in den folgenden Varianten verwenden:

- RESUME

- RESUME Sprungmarke

- RESUME NEXT.

RESUME NEXT setzt das eigentliche Programm in der Zeile fort, welche der Fehlerzeile folgt. Mit "RESUME Sprungmarke" können Sie zu einer beliebigen Stelle im Programm verzweigen und die alleinige Verwendung von RESUME veranlaßt QBASIC, die fehlerhafte Aktion nochmals durchzuführen. Diese drei Möglichkeiten machen es notwendig, alle möglichen Fehlersituationen daraufhin zu untersuchen, ob bei deren Auftreten das Programm beendet, der Fehler übergangen oder ein erneuter Versuch gemacht werden soll.

Zur Auswertung des Laufzeit-Fehlercodes ERR ist die SELECT..CASE Anweisung bestens geeignet.

```
'Einfacher FehlerHandler
ON ERROR GOTO FehlerHandler
PRINT "Ausgabe einer Berechnung"
PRINT 1000 / 0"
LPRINT "Druckausgabe"
OPEN "GIBTESNI.CHT" FOR INPUT AS#1
END      'Hier ist das eigentliche Programm zu Ende

'Hier beginnt Ihr eigener FehlerHandler
FehlerHandler:
PRINT
PRINT "-----------------------------------"
PRINT "Huch !, es ist ein Fehler aufgetaucht"

SELECT CASE ERR
    CASE ERR = 11  'Division durch Null
        PRINT "Beim Programmierer beschweren"
        RESUME NEXT
    CASE ERR = 27  'Papierende erreicht
        PRINT "Papier einlegen"
        PRINT "Anschließend beliebige Taste drücken"
        DO WHILE INKEY$ = ""
        LOOP
        RESUME
    CASE ERR = 25 AND MID$(ERDEV$,1,3) = "LPT"
        'Allgemeines Druckerproblem
        PRINT "Drucker bereit machen"
        PRINT "Anschließend beliebige Taste drücken"
        DO WHILE INKEY$ = ""
        LOOP
        RESUME
    CASE ELSE
        CLS
        PRINT "Fehler-Code : ";err
        PRINT "Ich mußte das Programm leider abbrechen"
        END
END SELECT
```

Diese Fehlerroutine reagiert auf einen Divisionsfehler durch Übergehen der fehlerhaften Programmzeile (RESUME). Vorher wird allerdings eine Fehlernachricht ausgegeben. Die abgefangenen Druckerprobleme unterscheiden sich nur dadurch, daß im Gegensatz zum allgemeinen Druckerproblem beim Papierende eine entsprechende Nachricht ausgegeben wird. Kann der Fehler in dieser Routine nicht abgefangen werden, so wird der CASE ELSE-Zweig aktiv und das Programm wird mit der Anzeige des aufgetretenen Fehler-Codes beendet. Dies sollte in dem vorliegenden Beispiel passieren, wenn das Programm versucht, die Datei "GIBTESNI.CHT" zu öffnen.

Schlußwort

Durch dieses Einsteigerseminar haben Sie die wichtigsten Basicbefehle kennengelernt. Desweitern hatten Sie durch die vielen Beispiele und Aufgaben Gelegenheit, sich mit dem Gebrauch der einzelnen Befehle intensiv auseinanderzusetzen.

Ganz gleich, ob Sie QBASIC als Einsteigersprache gewählt haben oder ob Sie auch weiterhin mit BASIC programmieren wollen, sollten Sie an dieser Stelle ein wenig verharren und das Gelernte erst einmal noch weiter vertiefen. Hierzu bietet sich beispielsweise an, die vorgestellte Adreßverwaltung um einige Menüpunkte zu erweitern. Denkbar wäre die Möglichkeit, Datensätze aus der Datei zu löschen oder etwa den Inhalt der Datei als Liste auszudrucken. Gerade im letzteren Fall bietet sich dann an, die Druckroutine durch einen eigenen Fehlerhandler "absturzsicher" zu machen.

Für diejenigen, die bei BASIC als Programmiersprache bleiben möchten, bieten sich als Entwicklungsumgebung für DOS Quickbasic oder andere BASIC-Derivate wie PowerBASIC an. Neu erhältlich sind diese Programmiersprachen aber nicht mehr. Reizvoller ist es sicherlich, wenn Sie sich im nächsten Schritt Visual Basic zuwenden und damit gleich eine der ganz modernen Sprachen erobern. Visual Basic ist in verschiedenen Leistungsstufen für Windows 3.x und Windows 95 erhältlich und erlaubt die Entwicklung professioneller Anwendungen.

Lösungen zu den Aufgaben

Aufgabe 1

Für den fünften zu berechnenden Quader lautet das Schema folgendermaßen:

Nr.	--------- V A R I A B L E N ---------					Aktion
	Hoehe	BREITE	Tiefe	Volumen	Oberfl	
1	1,29	--	--	--	--	Eingabe Höhe
2	1,29	1,23	--	--	--	Eingabe Breite
3	1,29	1,23	9,43	--	--	Eingabe Tiefe
4	1,29	1,23	9,43	14,96	--	Berechnung Volumen
5	1,29	1,23	9,43	14,96	30,68	Berechnung Oberfl.
6	1,29	1,23	9,43	14,96	30,68	Ausgabe 48,92 als Volumen
7	1,29	1,23	9,43	14,96	30,86	Ausgabe 101,54 als Oberfläche

Aufgabe 2

Aus einer Formelsammlung können Sie folgende Berechnungsvorschriften entnehmen (für die Kreiszahl PI wurde der Näherungswert 3,14 eingesetzt):

Kreisumfang = 2 * 3,14 * Radius

Kreisfläche = 3,14 * Radius 2 (Radius zum Quadrat)

Kugelvolumen = 0,75 * 3,14 * Radius 3 (Radius * Radius * Radius)

Kugeloberfläche = 4 * 3,14 * Radius 2.

Benötigt werden die Variablen RADIUS, KREISUMF (Kreisumfang), KREISFL (Kreisfläche), KUGELV (Kugelvolumen), KUGELOB (Kugeloberfläche). Somit ergibt sich folgende Handlungsanweisung:

1.   Eingabe vom Radius un Speichern in der Variablen RADIUS

2.   Berechnung von 2 * 3,14 * RADIUS und Speichern in der Variablen KREISUMF

3.   Berechnung von 3,14 * RADIUS * RADIUS und Speichern in der Variablen KREISFL

4.   Berechnung von 0,75 * 3,14 * RADIUS * RADIUS * RADIUS und Speichern in der Variablen KUGELV

5.   Berechnung von 4 * 3,14 * RADIUS * RADIUS und Speichern in der Variablen KUGELOB

6.   Ausgabe der Variablen KREISUMF

7.   Ausgabe der Variablen KREISFL

8.   Ausgabe der Variablen KUGELV

9.   Ausgabe der Variablen KUGELOB.

Es ergeben sich insgesamt 9 Verarbeitungsschritte.

Durchläuft man diese Handlungsvorschrift gedanklich für den zweiten Radius (4,23), so erhält man folgendes Schema für die verwendeten Variablen.

Handlungs-Vorschrift Nr.	---------- VARIABLEN -------				
	RADIUS	KREIS UMF	KREISFL	KUGELV	KUGEL OB
1	4,23	---	---	---	---
2	4,23	26,56	---	---	---
3	4,23	26,56	56,18	---	---
4	4,23	26,56	56,18	178,24	---
5	4,23	26,56	56,18	178,24	224,73
6	4,23	26,56	56,18	178,24	224,73
7	4,23	26,56	56,18	178,24	224,73
8	4,23	26,56	56,18	178,24	224,73
9	4,23	26,56	56,18	178,24	224,73

Nach dem fünften Verarbeitungsschritt sind alle Werte berechnet und werden anschließend in den nächsten vier Verarbeitungsschritten ausgegeben.

Die Transformation der Handlungsanweisung ergibt folgendes Programm:

```
INPUT RADIUS
KREISUMF = 2 * 3,14 * RADIUS
KREISFL = 3,14 * RADIUS * RADIUS
KUGELV = 0,75 * 3,14 * RADIUS * RADIUS * RADIUS
KUGELOB = 4 * 3,14 * RADIUS * RADIUS
PRINT KREISUMF
PRINT KREISFL
PRINT KUGELV
PRINT KUGELOB
```

Aufgabe 3

Menütitel in der Menüleiste	Tastenkombination
Datei	«Alt» + «D»
Bearbeiten	«Alt» + «B»
Ansicht	«Alt» + «A»
Suchen	«Alt» + «S»
Ausführen	«Alt» + «F»
Debug	«Alt» + «U»
Optionen	«Alt» + «O»

Aufgabe 4

Aktivieren Sie die Dialogbox "Bildschirmanzeige", indem Sie das Menü "Opitionen" herunterklappen und dann den Eintrag "Bildschirmanzeige" auswählen («Alt» + «O»; «B»).

In dieser Dialogbox sind folgende Elemente vorhanden:

☐ ein Optionsfeld (Normaler Text ...)

☐ zwei Listboxen (Vordergrund und Hintergrund)

☐ ein Kontrollkästchen (Bildlaufleiste)

☐ ein Eingabefeld (Tabulatorabstand)

☐ drei Schaltflächen ("OK","Abbrechen","Hilfe").

Aufgabe 5

Dateiname	Hinweise
BRIEF.BAS	Hier gibt es nichts auszusetzen.
EINGABE.T54	Formal richtiger Dateiname.
DOLL AR.BAS	Das Leerzeichen darf nicht verwendet werden.
A764?:=.BAS	Das "?" und der "." dürfen nicht verwendet werden.
98473$.BBV	Siehe auch EINGABE.T54.
1.BAS	Im Prinzip völlig in Ordnung.
R$ER0934WE.BAS	Es dürfen nur acht Zeichen (vor dem Punkt) verwendet werden.
TTZ.RFF.RER.BAS	Die Punkte dürfen nicht verwendet werden.
FALSCH.BAS	Völlig in Ordnung.
RICHTIG.B*S	Der "*" darf nicht verwendet werden.

Aufgabe 6

Drücken Sie «Umschalt»+«F1» um ins Hilfesystem zu gelangen. Anschließend drücken Sie solange die Taste «TAB», bis der Cursor im Feld "Verwenden von Dialogfeldern" steht. Danach drücken Sie die Taste «EINGABE». Von dort aus gelangen Sie mit der Taste «ESC» zurück zur QBASIC-Oberfläche.

Aufgabe 7

9,34	falsches Dezimaltrennzeichen 9.34
-345A.34	keine Buchstaben verwenden
234.3245D+19	
123.24	
"12454.34"	keine Hochkommata verwenden
- 234.45	keine Leerzeichen verwenden

Aufgabe 8

a) 23.4

-1

Leerzeile

Leerzeile

20

4

b)

```
'Lösung für Aufgabe 8b
PRINT 34 + 35 + 46 + 57
PRINT 3 - 5 - 6 -7
PRINT 3 * 4 * 5 * 6 * 7
PRINT 2 / 4 / 5 / 6 / 7
PRINT -4 * (5 + 5 ^ 2)
PRINT 100.34 / (34.23 - 2.3 ^ (3-5))    'Achtung Dezimaltrenn-
zeichen
PRINT (4 + 6) / (5 - (4 + 1))
'Ende der Lösung
```

Aufgabe 9

a) Eine Änderung des Mehrwertsteuersatzes hätte zur Folge, daß Sie Ihr Programm ggf. an vielen verschiedenen Stellen ändern müßten. Eine solche Aktion birgt somit immer die Gefahr, daß sich in Ihrem Programm Fehler einschleichen. Bei der Verwendung einer Konstanten für den Mehrwertsteuersatz bräuchten Sie nur diese Konstante am Anfang des Programms zu ändern, und alle Berechnungen im Programm würden automatisch den neuen Wert für die Mehrwertsteuer benutzen.

b)

```
OTTO45$   = "Dies ist deine heutige Summe:"
A4563&    = 456734      (Der Typ INTEGER ist zu klein !)
A56BD#    = 5.45D+38    (Der Typ SINGLE ist zu klein !)
c)
```

In der Konstanten "WASISTGESPEICHERT%" ist der Wert 47 enthalten:

```
A%  = 8 + 4 = 12
B%  = 12 - 9 = 3
C%  = 12 + 3 +1 = 16
wasistgespeichert% = 12 + 3 + 32 = 47
```

```
Probe:
'Programm wasistgespeichert
CONST A% = 8 + 4
CONST B% = 12 - 3 * (2 + 1)
CONST C% = A% + B% + 1
CONST wasistgespeichert% = A% + B% + 2 * C%
PRINT wasistgespeichert%
```

d) Bevor Sie einen Konstantennamen verwenden, müssen Sie diesen definiert haben. So würde beispielsweise die Sequenz

```
CONST wasistgespeichert
% = A% + B% + 2 * C%CONST A% = 8 + 4
CONST B% = 12 - 3 * (2 + 1)
CONST C% = A% + B% + 1
```

zu einem Laufzeitfehler führen, da bei der Definition von wasistgespeichert%
die Konstante A% dem System noch nicht bekannt ist.

Aufgabe 10

Mögliche Variablennamen sind:

☐ VORNAME$

☐ TELEFAX$

☐ GEHALT!

☐ KONTONR%

Aufgabe 11

1) Zeichenfolgeausdruck

2) Die Kombination von Texten und Zahlen ist nicht definiert. Die Ver-
    wendung einer solchen Kombination führt zu einer Fehlermeldung wäh-
    rend der Programmausführung.

3) Siehe Nr. (2)

4) Zeichenfolgeausdruck ("10.32" ist ein Text!)

5) Numerischer Ausdruck

Aufgabe 12

ZECHNEN 10/10   Bewirkt einen Syntaxfehler, da anstelle von ZEICHNEN nur ZECHNEN eingetippt wurde.

ZEICHNEN 12/34   Zeichnet einen Punkt an der Koordinate X=12, Y=34

ZEICHNEN 10/10   Auch hier erhalten Sie einen Syntaxfehler, da die verschiedenen Koordinaten entweder durch ";" oder "+" getrennt werden müssen.
20/30 40/50

ZEICHNEN 10/10;   Zeichnet einen Punkt an der Koordinate X=10, Y=10
20/30+50/89;   und danach bei X=20, Y=30. Anschließend wird an der
40/30+23/45   Stelle X=50, Y=89 ein Punkt gezeichnet, wobei dieser mit dem vorherigen Punkt durch eine Linie verbunden wird. Hiernach wird der Punkt X=40, Y=30 gezeichnet und durch eine Linie mit dem Punkt X=23, Y=45 verbunden.

Aufgabe 13

```
PRINT "Anton "+"Berta ";"sind"+" ";"Geschwister"
```

Ergibt auf dem Bildschirm "Anton Berta sind Geschwister"

```
PRINT 23,43
```

Zeigt im ersten Ausgabebereich 23 und im zweiten Ausgabebereich 43 an.

```
PRINT 'Ausgabebefehl'
```

Ergibt ein Leerzeile am Bildschirm

```
PRINT 34*4-15,23+5*8;" Quersumme "+"---",(34*5-15)+(23+5*8)
```

Lösungen zu den Aufgaben

Zeigt im ersten Ausgabebereich 121, im zweiten Ausgabebereich 63, anschließend den Text "Quersumme ---" und im folgendem Ausgabebereich 184 an.

Alle vier Befehlszeilen waren also syntaktisch völlig in Ordnung.

Aufgabe 14

a) Erinnern Sie sich daran, daß ein Semikolon am Schluß einer PRINT-Anweisung den Zeilenvorschub unterdrückt. Somit ist eine Lösung des Aufgabenteils recht einfach:

```
PRINT "Höhe ausgeben";
INPUT hoehe!
```

b) Das Fragezeichen beim INPUT-Befehl kann durch Verwendung des Kommas unterdrückt werden. Das Komma können Sie aber nur verwenden, wenn Sie in der INPUT-Anweisung auch einen Ausgabetext programmieren. Dieser Ausgabetext sollte aber mittels PRINT ausgegeben werden. Die Lösung liegt nun darin, mittels INPUT einen Text auszugeben, den man am Bildschirm nicht sieht, weil er eine Länge von Null Zeichen hat:

```
PRINT "Höhe eingeben";
INPUT "",hoehe!
```

Aufgabe 15

```
'Lösungsvorschlag für Aufgabe 15
'Als erstes werden die benötigten Konstanten definiert
CONST mwst% = 14
'Folgende Variablen werden benötigt
'für die Anschrift
DIM name$, strasse$, plz$, ort$
'für die Artikel
DIM artikel1$, artikel2$, artikel3$
DIM anzahl1%, anzahl2%, anzahl3%
DIM preis1!, preis2!, preis3!
'Rechenfelder
DIM gesamt1!, gesamt2!, gesamt3!
DIM sumpreis!, sumgesamt!, mehrwert!   'Summen

'1. Programmteil : Anschrift eingeben
CLS
PRINT "Bitte geben Sie die Anschrift des Kunden ein"
PRINT
PRINT
INPUT "Name:    ", name$
INPUT "Strasse: ", strasse$
INPUT "Plz: ", plz$
INPUT "Ort: ", ort$

'2. Programmteil: Artikel eingeben
CLS
PRINT "Bestellung eingeben für " + name$
PRINT
PRINT "Artikel 1"
INPUT "Artikel: ", artikel1$
INPUT "Anzahl: ", anzahl1%
INPUT "Preis:   ", preis1!
'Gesamtpreis für artikel 1
gesamt1! = anzahl1% * preis1!

PRINT
PRINT "Artikel 2"
INPUT "Artikel: ", artikel2$
INPUT "Anzahl: ", anzahl2%
INPUT "Preis:   ", preis2!PRINT
'Gesamtpreis für artikel 2
gesamt2! = anzahl2% * preis2!
PRINT
```

Lösungen zu den Aufgaben   Seite 199

```
PRINT "Artikel 3"
INPUT "Artikel: ", artikel3$
INPUT "Anzahl: ", anzahl3%
INPUT "Preis:  ", preis3!
'Gesamtpreis für artikel 3
gesamt3! = anzahl3% * preis3!

'3. Programmteil:   Ausgabebildschirm erzeugen
CLS
LOCATE 2, 5
PRINT "Rechnungsblatt"
LOCATE 4, 5
PRINT name$
LOCATE 5, 5
PRINT strasse$
LOCATE 6, 5
PRINT plz$ + " " + ort$
LOCATE 8, 5
PRINT "Artikel";      TAB(45);"Anz"; TAB(50);
PRINT "Preis"; TAB(65); "Gesamt"

LOCATE 9, 5
PRINT artikel1$
LOCATE 9, 45
PRINT USING "###"; anzahl1%
LOCATE 9, 50
PRINT USING "######,.##"; preis1!; TAB(65);
PRINT USING "######,.##"; gesamt1!

LOCATE 10, 5
PRINT artikel2$
LOCATE 10, 45
PRINT USING "###"; anzahl2%
LOCATE 10, 50
PRINT USING "######,.##"; preis2!; TAB(65);
PRINT USING "######,.##"; gesamt2!
LOCATE 11, 5
PRINT artikel3$
LOCATE 11, 45
PRINT USING "###"; anzahl3%
LOCATE 11, 50
PRINT USING "######,.##"; preis3!; TAB(65);
PRINT USING "######,.##"; gesamt3!
```

```
'Summen berechnen
sumpreis = preis1! + preis2! + preis3!
sumgesamt = gesamt1! + gesamt2! + gesamt3!
mehrwert! = sumgesamt! * mwst% / 100

LOCATE 15, 30
PRINT "Summe: "; TAB(50);
PRINT USING "######,.##"; sumpreis!; TAB(65);
PRINT USING "######,.##"; sumgesamt!
LOCATE 16, 30
PRINT USING "MWST ###%"; mwst%; TAB(65);
PRINT USING "######,.##"; mehrwert!
LOCATE 17, 30
PRINT "Rechnungsbetrag:"; TAB(65);
PRINT USING "######,.##"; sumgesamt! + mehrwert!
'Ende des Programms
```

Aufgabe 16

1) Falsch, da var1% = 0, var2% = 16

2) wahr, da 11 < var2%

3) wahr, da zahl1% = 5 und -1 * var3% - 2 = 5

4) wahr (s.a. 1)

5) falsch, denn zahl3% (-4) ist größer als var3% (-7)

Aufgabe 17

1) Zeichenfolgeausdrücke sind gleich, d. h. Bedingung ist wahr.

2) A" ist ungleich "B", d. h. Bedingung ist wahr.

3) Zeichenfolgen sind nicht gleich lang, d. h. die Bedingung ist falsch.

4) Zeichenfolgen sind nicht zeichenweise indentsich, d. h. die Bedingung ist wahr.

Aufgabe 18

```
'Lösungsvorschlag Aufgabe 18a
DIM hoehe!, breite!, tiefe!
CLS
HoeheFalsch:
INPUT "Bitte Höhe (> 1000) eingeben ", hoehe!
IF hoehe! <= 1000 THEN
   GOTO HoeheFalsch
END IF
BreiteFalsch:
INPUT "Bitte Breite (< 66  ) eingeben ", breite!
IF breite! >= 66 THEN
   GOTO BreiteFalsch
END IF
TiefeFalsch:
INPUT "Bitte Tiefe  (>= 123) eingeben ", tiefe!
IF tiefe! < 123 THEN
   GOTO TiefeFalsch
END IF
'Ende des Programms
```

```
'Lösungsvorschlag Aufgabe 18b
DIM hoehe!, breite!, tiefe!
CLS
WHILE hoehe! <=1000
   INPUT "Bitte Höhe (> 1000) eingeben ", hoehe!
WEND
breite! = 100  'Achtung Variable geeignet initialisieren
WHILE breite! = 66
   INPUT "Bitte Breite (< 66  ) eingeben ", breite!
WEND
WHILE tiefe! < 123
   INPUT "Bitte Tiefe  (>= 123) eingeben ", tiefe!
WEND
'Ende des Programms
```

Aufgabe 19

```
'Lösungsvorschlag für Aufgabe 19a
'Eingabeprüfung mit DO..LOOP
DIM zahl!
CLS
'Achtung !
'Ggf. müssen Sie die Variable geeignet bestücken
DO WHILE zahl! <= 0
    INPUT "Positive Zahl eingeben ", zahl!
LOOP
PRINT "Danke !"
'Ende des Programms
```

```
'Lösungsvorschlag für Aufgabe 19b
'Eingabeprüfung mit DO..LOOP
DIM zahl!
CLS
'Achtung !
'Ggf. müssen Sie die Variable geeignet bestücken
DO UNTIL zahl! > 0
    INPUT "Positive Zahl eingeben ", zahl!
LOOP
PRINT "Danke !"
'Ende des Programms
```

```
'Lösungsvorschlag für Aufgabe 19c
'Eingabeprüfung mit DO..LOOP
DIM zahl!
CLS
DO
    INPUT "Positive Zahl eingeben ", zahl!
LOOP WHILE zahl! <= 0
PRINT "Danke !"
'Ende des Programms
```

Aufgabe 20

a)   (123 - 1 + 1) / 2 = 61,5 also 62 mal

b)   Schleife wird gar nicht durchlaufen

c)   -23 - 0 - 1) / (-1) = 24 also 24 mal

d)   -44 - 23 - 1) / (-3) = 22,6 also 23 mal

Aufgabe 21

Wenn Sie das Programm aus der Aufgabenstellung laufen lassen, erhalten Sie folgende Ergebnisse:

Erste Ausgabe: 246

Letzte Ausgabe: 100

Schleifendurchläufe: 74, da (99 - 246 - 1) / (-2) = 74

```
'Lösungsvorschlag Aufgabe 21a
'Zähle von 246 nach 99 in der Schrittweite -2
DIM i%, j%
CLS
i% = 246      'Anfangswert in der Zählvariablen speichern
WHILE i% > 99
    PRINT i%
    i% = i% - 2  'Die Zählvariable muß jetzt pro
              'Schleifendurchlauf um die Schrittweite
              'verringert werden
    j% = j% + 1  'Zählen der Schleifendurchläufe
WEND
PRINT
PRINT "Schleifendurchläufe: "; j%
'Ende des Programms
```

```
'Lösungsvorschlag Aufgabe 21a
'Zähle von 246 nach 99 in der Schrittweite -2
DIM i%, j%
CLS
i% = 246    'Anfangswert in der Zählvariablen speichern
DO
    PRINT i%
    i% = i% - 2  'Die Zählvariable muß jetzt pro
                 'Schleifendurchlauf um die Schrittweite
                 'verringert werden
    j% = j% + 1  'Zählen der Schleifendurchläufe
LOOP UNTIL i% <= 99
PRINT
PRINT "Schleifendurchläufe: "; j%
'Ende des Programms
```

Versuchen Sie auch eine Lösung für die Varianten DO WHILE, DO UNTIL und DO..LOOP WHILE zu erstellen.

```
'Lösungsvorschlag Aufgabe 21a
'Zähle von 246 nach 99 in der Schrittweite -2
DIM i%, j%
CLS
i% = 246'Anfangswert in der Zählvariablen speichern
SchleifAnfang:
PRINT i%
i% = i% - 2  'Die Zählvariable muß jetzt pro
             'Schleifendurchlauf um die Schrittweite
             'verringert werden
j% = j% + 1  'Zählen der Schleifendurchläufe
IF i% > 99 THEN
    GOTO SchleifAnfang
END IF
PRINT
PRINT "Schleifendurchläufe: "; j%
'Ende des Programms
```

Aufgabe 22

```
'Lösungsvorschlag für Aufgabe 22
'Select .. Case
CONST zehn% = 10
DIM zahl%
CLS
INPUT "Zahl eingeben "; zahl%
IF zahl% = 1 OR zahl% = 2 THEN
    PRINT "Zahl ist 1 oder 2"
ELSE
    IF zahl% = 3 AND zahl% <= 10 THEN
        PRINT "Zahl ist zwischen 3 und 10"
    ELSE
        IF zahl% = 11 THEN
            PRINT "Zahl ist 11"
        ELSE
            IF zahl% < zehn% + 10 THEN
                PRINT "Zahl ist kleiner 20"
            ELSE
                PRINT "Was weis ich wie groß die Zahl ist"
            END IF
        END IF
    END IF
END IF
PRINT "Das war schon alles"
'Ende des Programms
```

Aufgabe 23

Eine Lösung wird mit der CHR$-Funktion möglich, da mit Hilfe dieser Funktion jedes ASCII-Zeichen ausgegeben werden kann. Das gewünschte Zeichen " hat den ASCII-Wert 34.

Beispiel:

```
PRINT "Geben Sie " + CHR$(34) +"J" + CHR$(34) + " ein"
```

Aufgabe 24

Als Basis kann das Beispielprogramm der CHR$-Funktion dienen.

```
'ASCII-Zeichensatz
DIM ascii$   'String definieren
INPUT "ASCII-Zeichen eingeben ",ascii$
PRINT "ASCII-Zeichen ";ascii$;" entspricht dem Wert ";
ASC(ascii$)
```

Aufgabe 25

```
'Zeichnkette zeichnweise ausgeben
DIM i%  'Laufvariabel
DIM text$  'Zeichenkette
CLS
INPUT "Bitte Text eingeben ";text$
PRINT
'Die Länge des Textes entspicht der Anzahl der Zeichen
'in der Zeichenkette
FOR i% = 1 to LEN(text$)
    'Je nach Anzahl der Durchläufe hat i%
    'den Wert 1..Länge v. text$
    'Für i%=1 wird somit der 1.Buchstabe von text$ extrahiert
    'Für i%=LEN(text$) wird der letzte Buchstabe von text$
    'extrahiert
    PRINT MID$(text$,i%,1)
NEXT i%
'Ende des Programms
```

Aufgabe 26

```
'Eingabemaske
DIM zahl1%, zahl2%
DIM zahl1$, zahl2$     'Hilfswerte
CLS
LOCATE 10, 5
PRINT "1. Zahl eingeben"
LOCATE 12, 5
PRINT "2. Zahl eingeben"
DO
    LOCATE 10, 25
    INPUT "", zahl1$
    'Prüfen ob Eingabe numerisch
    IF VAL(zahl1$) <> 0 OR zahl1$ = "0" THEN
        zahl1% = VAL(zahl1$)
        EXIT DO
    ELSE
        LOCATE 10, 25
        'Überschreiben der alten Eingabe mit Leerzeichen
        PRINT SPC(LEN(zahl1$));
    END IF
LOOP
LOCATE 12, 25
INPUT "", zahl2$
'Hier müssen Sie nochmals eine LOOP Schleife konstruieren
'und den Wert der Variablen zahl2$ prüfen
```

Aufgabe 27

```
'Übung mit einer Tabelle
DIM artpr!(1 TO 20)      'Preistabelle
DIM i%                         'Indextabelle
DIM max!, min!, sum!, anz%'Hilfsvariablen
CLS
'Eingabe von 20 Artikeln
FOR i% = 1 TO 20
    PRINT "Preis für Artikel "; i%; " eingeben ";
    INPUT "", artpr!(i%)
NEXT i%
'Ausgabe der 20 Artikel
CLS
FOR i% = 1 TO 20
    PRINT USING "Artikel Nr.: ##"; i%;
    PRINT USING " kostet ###,###.## DM"; artpr!(i%)
NEXT i%
'Summe, Anzahl, Durchschnitt, Maximum, Minimum
'In diesem Lösungsvorschlag werden nur Artikel
'berücksichtigt, 'für die ein Preis (artpr!()    0)
'eingegeben wurde
FOR i% = 1 TO 20
    IF artpr(i%) > 0 THEN
            anz% = anz% + 1 'Anzahl erhöhen
            sum! = sum! + artpr!(i%) 'Summe bilden
        IF artpr(i%) > max! THEN 'Maximum bilden
        'Wenn der aktuelle Preis größer als das aktuelle
        'Maximum ist, wird der aktuelle Preis zum neuen

            max! = artpr(i%)
        END IF
        IF artpr(i%) < min! OR min! = 0 THEN
        'Wenn der aktuelle Preis kleiner als das aktuelle
        'Minimum ist oder das aktuelle Minimum Null ist, wird
        'der aktuelle Preis zum neuen Minimum

            min! = artpr(i%)
        END IF
    END IF
NEXT i%

PRINT "Summe : "; sum!; TAB(30); "Anzahl: "; anz%
PRINT "Max: "; max!; TAB(30); "Min:    "; min!
PRINT "Durch.   "; sum! / anz%
'Ende des Programms
```

Aufgabe 28

```
DECLARE FUNCTION zsuch% (such$, suchz$)
'zeichen und zeichenkette
DIM zeichenk$, zeichen$, i%
CLS
INPUT "zeichenkette ", zeichenk$
INPUT "zeichen  ", zeichen$
PRINT zsuch%(zeichenk$, zeichen$)
'ende des programms

FUNCTION zsuch% (such$, suchz$)
'*--------------------------------------------------*
'* Suchen eines Zeichens in einer Zeichenkette
'* such$  : Zeichenkette
'* suchz$ : zu suchendes Zeichen
'*--------------------------------------------------*
DIM i% 'Hilfsvariable
zusch% = 0 'Default-Wert für erfolglose suche
FOR i% = 1 TO LEN(such$)
   IF MID$(such$, i%, 1) = suchz$ THEN
       'Rückgabewert bestücken
       zsuch% = i%
       EXIT FOR
   END IF
NEXT i%
END FUNCTION
```

Aufgabe 29

```
'Lösungsvorschlag Aufgabe 29
DIM zeichenk$, i%
CLS
INPUT "Zeichenkette eingeben ", zeichenk$
CLS
FOR i% = 1 TO LEN(zeichenk$)
    LOCATE 8, 3
    PRINT USING "Der ##"; i%;
    PRINT ".Buchstabe von; "; CHR$(34); zeichenk$; CHR$(34);
    PRINT "; ist: "; MID$(zeichenk$, i%, 1)
    DO
    LOOP WHILE INKEY$ = ""
NEXT
```
